# 食べたもの

瀬戸 淳

文芸社

# はじめに

私はいわゆるグルマンではない。

幼児期から少年期の前半までは旧満洲（中国東北地方）の遼寧省の鉄鋼都市鞍山市で育った。終戦後に両親の出身地である佐賀県に引き揚げてきて、福岡市にある大学を卒業するまで九州にいた。

大学を卒業するとともに東京の企業に就職し企業戦士となった。東京・横浜の事務所に勤務し住居は神奈川県に求めた。現在は湘南に住んでいる。

永年、主として石油・化学プラント、エネルギー・環境、宇宙開発関連のプロジェクトに携わった関係から、国内は山形県以外の各県、海外は北半球の大部分の国や東南アジアの主要都市にも足を踏み入れている。国内、海外それぞれに長期に滞在したところもある。

当然、その土地の食べ物、料理、飲み物を味わったものである。私は性格の故か、料理の由来、名称、レストランの名前とその知名度にはあまり関心がなく、その時々で興味を引いたか、美味しいか、楽しかったかを思い出すままに書いてみた。

今にして思えば、記録しておけばよかったと後悔される。あとで旅行ガイドで確認したりしたものもある。

私は食に対するこだわりは少ない。ほとんど好き嫌いはない。

接待などでの高級料理は材料も吟味されており、包丁のさえ、料理の技術、味つけ、器の選択と盛りつけの妙、いずれも料理人の技量が偲ばれるものがあったが、接待の機会が増えるたびに特段に心に留まるものは少なく、また非日常的でここで取り上げるものは少ない。

接待では、むしろ会話が重要であり、料理に対する関心は二次的である場合が多い。

私の祖母は早くに連れ合いと死別し、生活のために魚の行商を始め、仕出し屋から、家を増築して寄り合いの宴会を引き受けるまでになった。手八丁という感じの女性であった。

父は一人娘の母の婿養子となったが早くから満洲に渡った。

後になって、祖母は異父兄とともに満洲の家族に合流したのであるが、養子の父の悪口に佐賀弁で「うーじゃーきー」と言っていた。多菜食漢というべきか、おかずの品数、量を多く食べるという意である。

当時は「おかずは少なくつつましやかに」というのが、好ましい生活態度であったから、祖母に言わせれば父の食生活は贅沢でよろしくないということであったろう。

祖母は父母と合流してからも現地の材料でいろいろな料理を作った。

それに引き替え一人娘の母は何もできない人で、祖母が来る前は、社宅での近所の料理持ち寄りパーティーでは子供なりに恥ずかしい思いをしたが、祖母が来てからは、うちはたちまち近所の料理リーダーとなった。

私が食べ物に関心を持ったのは、この祖母と父親の影響ではないかと思う。

この稿は食べ物の自分史というべきものに纏めたいと思い、書き溜めたものである。

食べたもの●目次

# 少年時代

## その一　満洲時代

私は年子の妹が生まれてからほどなく母とともに父のいる満洲に渡った。私の満洲時代はおよそ三つに分けて考えられる。

第一期は小学二年まで、太平洋戦争が始まる年までである。

第二期は小学六年までで、小学二年の時から内地にいた祖母と、祖母に育てられていた異父兄が家族に合流するために満洲に渡ってきて同居するようになった。

第三期は小学六年の時に終戦となり、父が中国側に技術指導のために徴用されたので、家族を分けて、終戦の翌年に祖母、兄、下の妹と四人で本籍地の佐賀県に引き揚げてきた。父母、上の妹、弟は次の年に一年遅れで帰ってきた。

第一期の食べ物について書いてみたいと思う。

父は酒もたしなんだが甘いものも好きであった。給料日には必ずお菓子屋に寄って生菓子をお土産に買ってきた。給料日は母が今日はお菓子が来る日だと教えてくれた。

このお菓子屋さんは子供がなく、父がたぶん昵懇《じっこん》にしていたのであろう。下の妹を養女に欲しがっていた話を聞いたことがある。

また、私の誕生日が八月であるので、誕生日には「西瓜」を食べる習わしで、現在でも続いている。

一つだけ強烈な思い出がある。小学校に上がる前であったが、バケツで冷やしてあったトマトを全部食べてしまって疫痢になったことである。近所に日本人の医院がなく、夜でもあったし、現地の中国人（当時は「満人」と呼んでいた。満洲帝国の人民であったからである）の開業医に連れていかれ、オマルに真っ赤な下痢便をしたことを記憶している。

以来、後年まで私は小さい時にバケツ一杯のトマトを食べて疫痢になったと、冷やかされることになった。

父の実家は山あいの林業と農業の家であったが、二百年以上経たお茶の木があり、お茶が取れると大きな茶筒に手揉みのお茶を毎年伯父が送ってくれていた。このお茶をそのまま押し入れに隠れて食べるのである。私が脾臓が悪いのではないかと、父が言ったことを覚えている。

私はトマトのことといい、どうも偏執的な食べ方をするような気がする。

母は市の中心のデパートに買い物に行った帰りには、決まった中国人の店で「焼餃子」を買って帰るのが常で、夕食に温め直して食べさせられた。

当時、社宅街の中心には会社が経営する購買所（今でいうスーパーといったところか）があったが、たいして品数もないので、中国人の行商がもろぶたを抱えて「アンパン・シューパン」の呼び声で売りに来る。シューパンとはクリームパンのことである。

また、「テンピラ・カマブコ」（天ぷら・かまぼこ、天ぷらはさつま揚げのことである）の売り声もあった。もろぶたの下に茶饅頭を忍ばせた者もいた。

製品は日本人の店で仕入れたものであったが、社宅を管理していた会社の担当は中国人の行商を禁じていたらしく、何となくこっそりと呼ぶような雰囲気があったように思う。

このパンや饅頭を買ってもらうのも、また楽しみであった。


家族の行楽は春は杏《あんず》の花見であったが、何といっても秋が楽しかった。

秋には近所の人達と弁当持参で山へきのこ狩りに出かけた。早い時期には「はつたけ」が、後には「満洲まつたけ」、「しめじ」が採れる。たくさん採れると佃煮にして保存する。

満洲まつたけは煮ると紫色に変色するものであった。

中国人はこれらの日本人が好む茸《きのこ》は食べず、大きい傘の表面がねばねばした茸の表皮を取り去って食べていたのを思い出す。乾かしたものも道端で売っていた。

さらに楽しいのはきのこ狩りの帰途、りんご園に寄って早い時期には青りんご、季節が遅くなると赤いりんごをを買って、一つは食べて、あとはお土産に持って帰る。町まで下りてきたら、獲物をいっぱい持って馬車で家に帰る。

りんご園は日本人が経営していたのだが、盗難防止にシェパードを飼っていた。近づくと吠える声が恐ろしく聞こえたものだ。

りんごの品種は紅玉、国光、旭であった。


両親は九州出身であったから満洲のような寒冷地の生活には不慣れであった。近所には東北出身者も多く、いろいろと教わっていたと思う。

冬の季節には野菜が不足するので「山東白菜」(背が高く、白い部分が多い)を漬け物にする。時期になると白菜を満載した馬車が次々に購買所にやって来る。これを二つ割りにして日に干し、四斗樽に塩とともに漬け込む。

大根も漬け物にする。葉っぱごと日に干し水分を抜いて、塩と米糠と一緒にやはり四斗樽に漬け込み沢庵にする。干した葉っぱは「ひば(干葉)」と称して、水に戻して油炒めなどで食べる。これらを冬中で食べる。春になると漬け物は酸っぱくなってしまうので、刻んで塩出しをして油炒めにしたりする。

白菜も大根も貯蔵庫に入れておくと凍ってしまい食べられなくなる。りんごもそうである。根菜類のじゃがいも、玉葱、人参等は、玄関の廊下のように凍結しない程度の温度で、室内より低温のところで多量に貯蔵する。春になればじゃがいもの芽が出てきて捨てたりする。後になって、購買所に大きな室《むろ》ができて冬中でも野菜が食べられるようになった。室の屋根は冬の間中、子供のそり遊びの格好の場所になった。

もう一つ思い出に残るのはソーセージである。フランクフルトソーセージより太さ長さとも大振りであったと思う。今日のような家庭用冷蔵庫のない時代であったから、まずボイルして切って食べさせられた。この味を再びと思い、日本中、ヨーロッパ中探究したが、残念なことに見つかっていない。

いつの季節かは覚えていないが、近所の人達と共同して中華料理の出前を頼んだ。今日でいうケータリング・サービスである。大きな二つ折りした丸いテーブルやかまどを馬車に積んで料理人がやって来る。

かまどを庭に据え、家のガスコンロも使って、持ってきた材料で次々に料理を作っては運んでくる。小さい子供達は追っ払われて点心等があてがわれるだけで、不満たらたらである。鯉の丸揚げのあんかけを最後に料理が終わる。ピータンと肉饅頭が好きなものであった。

私は昭和十五年に新設された小学校に入学した。生徒は一年生だけであった。

担任は群馬県出身の根岸先生であった。

入学式の後、付き添ってきた父から先生の名前を質問されたが、ネギ先生としか答えられなかった。どうも私は生涯を通じて固有名詞がよく覚えられない。人の名前、店の名前、料理の名前などが反復しないと覚えられないたちのようだ。

小学二年から上級生が転入してきて六年までの生徒が揃った。この時期に祖母と異父兄が九州からやって来て一緒に住むことになった。兄は四級上であったから六年生に転入してきた。

新しい社宅に移ったことと、兄の進学を考えてのことであったと思う。この時から私の生活はがらりと変わった。この時から小学六年の終戦までが満洲時代の第二期である。

大東亜戦争（太平洋戦争）はこの年、小学二年の暮れに始まった。

兄は小遣いを貰っていたので、私をさそって内緒で買い食いをした。また、兄は製鉄所が経営する全寮制の工業学校に進学し、休みには家に帰ってきて私とともに中国人街を徘徊したりした。

両親は中国人から食べ物を買うのを禁じていた。不衛生だというのがその理由であった。しかし、兄と密かに中国人の食べ物を買い食いするのは小さな冒険心を満足させるものであった。そうたいしたものを食べたわけでもない。

最も好きなものは「タンホーロ」であった。甘酸っぱい真っ赤な「サンザシ（山査子）」を十個くらい串に刺したものに飴をかけたものであった。

今から十年くらい前に、北京の天安門前広場の露店で売っているのを見つけて買ったが昔の味であった。同行の中国人から不衛生だと止められたが、買い食いの経験から懐かしいものであった。

タンホーロにはもう一種あり、それは「山芋（自然薯）」を串に刺して蒸したものに、やはり飴をかけたものである。北京でも同様にサンザシとともに売っていた。ぽくぽくした感じで飴の甘さのみの味であって、特に好きというものではなかった。

「チエゴ」というのがあった。直径六十センチ、高さ七〜八センチの粟の蒸し餅で、餡が二層ぐらい挟んである。なかには干し棗《なつめ》が餡の中に入っているものもあった。これを一輪車にのせた飯台にどかんとのせて、埃除けに薄汚れた感じのする綿布で覆い、適当な場所で露店で売る。この餅を薄く切り取ってチキリ（棒秤）で量って、アルミの弁当箱の蓋のようなものに入れて、薄めた水飴か砂糖を水で溶かしたシロップをかけて立ち食いをする。両親にばれたことはなかったが、見つかったら大変であったろう。

そのほかに油で揚げた「ねじりん棒」や揚げ麩のようなもの（油条）があった。これらは横浜の中華街でも見かける。

揚げた肉団子、これは椰子油を使ったものであろう、ちょっと違った匂いがした。

サントンクウリー（山東苦力）と呼んでいたが中国東部の山東半島の農民達が、アンペラ（こうりゃん、高粱の茎の皮で編んだゴザ）と薄っぺらな布団を背負って出稼ぎに来るのである。この連中が道端で座り込んで昼食に「ポウミィ（包米、とうもろこし）」の粉で作った「マントウ（饅頭）」を生の葱をおかずにかじっているのをよく見かけた。

このとうもろこし粉のまんじゅうは二種類あって、平たい団子と中空の楕円ボール状のものである。味はついてない。もちろんのこと、食べてみた。挽き立てのとうもろこしの粉で作ったものは、ほの甘くとうもろこしの香りがしたが、古い粉で作ったものは独特の臭みがあり試食のみであった。

この頃、中国人は「こうりゃん（高粱）」を主食としていた。郊外にはこうりゃん畑が広く地平線まで広がり、春の地起こしの時につけた足跡がそのまま道になる。こうりゃんが成長すると周りが見えなくなり、分岐点では方向を誤るような状況になる。

栗、とうもろこし、大豆などが栽培されていた。とうもろこしの種は色とりどりのものがあり、色が混じったものもあったりした。銀白色の鏑種（もちとうもろこし）もあった。

さとうきびもあり、沖縄のものと違い、直立した茎のものであった。

日本人は米を食べていたが、現地では朝鮮系の人達が水田で稲を栽培していた。

野菜も豊富であった。白菜、ほうれん草、小松菜、きゅうり、茄子、ピーマン等で、茄子は長いのと丸っこい巾着なすびがあり、丸茄子には白い（薄緑）ものもあり、輪切りにした天ぷらが好みであった。今でも茄子の輪切りの天ぷらは好物である。

ピーマンは大型肉厚で熟すと赤くなるもので、祖母が作ってくれる肉味噌ピーマン炒めは好物の一つであった。

社宅についていた小さな菜園ではふらん草（ふだん草？）、ちしゃ、にら等も作っていた。トマトは冷やして切って砂糖をかけておやつにしてくれた。えんどう豆、いんげんもあった。友人と鉄鉱石の採掘場を見に行った時、友人の叔父さんがいる独身寮の寮母さんが作ってくれた「チェンピン」（煎餅、水で溶いたこうりゃんか粟の粉を平たい鉄板に油を引いて薄く焼きクレープ状にしたもの）を刻んで、一見平打ち麺状にしたものと豚肉の薄切り、さやいんげんを炒めたものが忘れられない。今でもさやいんげんが好きである。

西瓜、まくわ瓜。まくわ瓜は黄色と西瓜のように縞が入ったものがあり、黄色のものが好きであった。「はみ瓜」というらしい。日本にはない。誰か作ってほしいと思う。

かぼちゃは「菊かぼちゃ」もあったが、皮がオレンジ色の「西洋かぼちゃ」がほとんどだった。栗のような食味の栗かぼちゃもあったが、当たり外れが多く、外観から判断するのは困難であった。

中国人は「西瓜の種」をよく食べた。現今の日本の西瓜の種よりも大きく、ちょっと煎ったものの中身を食べる。種の尻の丸い方を上下の前歯（門歯）の間に縦に挟んで軽く嚙むと端が割れる。割れたところを水平にして上下の歯の間に押し込んでやると、殻は開いて実の部分がのぞく。この実の部分を歯で嚙んで引っ張り出す。殻はそこらに投げ捨てる。だいたいはしゃがんで食べていた。

西瓜の種を食べるのは熟練がいる。中国人達は子供の時から食べているので実に素早く食べる。私達には真似のできない至芸であった。

また、さらにサイズの大きいかぼちゃの種も食べていた。最近、かぼちゃの種の殻をとった緑色の中身をナッツ類として売っているのを見かける。

根菜類は大根、人参、玉葱、芋類はじゃがいも、少ないがさつまいも、里芋もあった。「じゃがいも」は男爵風のものと皮が薄赤いメイクイーン風のものの二種類であった。

冬の暖房はコークスを焚くペーチカであった。

兄は悪友に聞いたのであろうか、寝る前にじゃがいもをこっそりペーチカの煙道のハンドホールから入れておくと、明け方にはほくほくに焼けているのである。これを兄と二人で布団のなかでこっそり食べるのである。見つかりそうになって枕の下に隠して、シーツと枕をべちゃべちゃにしたことがある。

大きな「さつまいも」が手に入った時はラッキーであった。さつまいもは数が少ないので、すぐにばれはしたが。

果物はりんご、バナナは別として、中国人が道端で売っていたものには、収穫してしばらく置いて皮が真っ黒になったぶよぶよの直径五センチくらいの「梨」があった。気味が悪くて食べたことはない。

「熟柿」や「干し柿」は日本から送ってもらっていたが、北京産のへたを上にしてつぶしたような干し柿を売っていた。種は抜けていた。

肉は日常的には「豚肉」で、たまに「牛肉」、「鶏肉」という構成であった。

冬になると中国人が「雉」を売りに来る。正月用に買って零下二十度以下になる窓の外に吊しておく。雉は解体すると胃袋に餌のとうもろこしがいっぱい詰まっている。冬越しのために食べたものであろう。

雪が降ってくると、兄とその友人はどこからかカスミ網を調達してきて庭に張る。餌を撒いて「雀」が来ると、徐々に網の方に追い込んで網のところに近づき、一斉に「わっ」と声を上げると雀は飛び立って網にかかる寸法である。鼻のところに針金を通して束ねて、やはり窓の外に吊しておく。

冬が近くなると学校全校を挙げて兎狩りの行事を行う。高学年生は網を張り、低学年生は勢《せ》子《こ》で兎を追い込む。せいぜい四～五匹が獲れるだけで、兎汁にありついたことはない。

今ほどではないが、「卵」も豊富にあったが、卵ご飯の卵は子供には二人に一個であった。祖母は朝食は精進を主張して味噌汁のだしに煮干しを入れることさえ嫌ったが、父は聞かなかった。祖母の死後、初七日をすぎないうちから精進料理は止めてしまったくらいである。

魚は塩蔵物か干物であった。塩干物はガスコンロで焼くのは問題があり、あまり食卓にはのらなかった。渤海湾で獲れる太刀魚の塩物があったが、何やら寄生虫のような白いものがあって気味が悪く好きではなかった。

干鱈は戻して煮て、身欠き鰊は戻して煮るか、そのまま焙って醤油をかけて食べた。

冬になると国全体が冷凍庫になるので刺身が食べられる。正月が近づくと「寒鰤」の配給がある。一匹のままでは大きすぎるので二つに分割して分けるのであるが、父は必ず頭つきの方をもらってきた。父の面目躍如というところか。

淡水魚は「雷魚」といって約一メートルにも成長する魚で、身は白く淡白で、あらいにしてよい魚であったが、後で寄生虫がついているということで敬遠されることになった。

秋になると、中国人達は池の掻い干しをやって大きな雷魚を両腕で抱えるようにして獲っていたのを思い出す。

兄とその友達とこうりゃん畑を突っ切って、小さな池に鮒釣りに行った。小えびがたくさんいてすくい取って帰ったりした。

秋だったと思うが、父と兄は休みの日の朝早くから、河口近くの栄口というところまで蟹を獲りに行く。蟹は「がざみ」である。甲の長径が二十センチぐらいのものが十匹以上は獲れて、夕方には帰ってくる。仕かけは父の自製であったが、なぜ山国育ちの父がそんな漁法を知ったのか、よくわからない、もちろん父は故人であり聞く術もない。

祖母は納豆作りにも挑戦した。うまくいった時もあったが、失敗して苦い味の納豆を食べさせられたことがあった。学校は冬はスチーム暖房であったから弁当はラジエーターの上に朝から並べて温めておく。ある時、ご飯の上に煮大豆が全面におかずとしてまぶしてあったが、昼には糸を引いていたことがあった。納豆菌がついたのだろうか。

満洲には「そらまめ（蚕豆）」はなかった。父が同郷の若い人の就職の世話などをしていたので、この人達が時折訪ねてくれる。故郷からの煎ったそらまめ（佐賀では「とんまめ」と呼んでいたが、とうの豆ということもある）を土産に持ってきてくれると皆で喜んだものである。

父は普段は晩酌をやることはなかったが、近所の人や会社の人達と家で時折宴会をやっていた。正月は輸入品の日本酒であるが、ほかは地元の「パイチュウ（白酎）」（こうりゃんを原料にした蒸溜酒で、チャン酎と呼ぶことが多かった。要するに焼酎である）が多かった。

もっと小さい頃に、私は燗冷ましを丼一杯飲んで酔っぱらったことがある。

トマトのことといい、何を仕出かすかわからない、あぶない子であった。火事になりかけたこともあったが、本題ではないので割愛する。

父は正月には「チェリーブランデー」と「カルピス」を混ぜて水で割ったものを作って飲んだ。私達にも飲ませてくれた。

後年、私は銀座のクラブ等でチェリーブランデーとカルピス各一オンスを氷と一緒にタンブラーに入れ、炭酸水で割って創作「アーチィフィズ」と称して、得意になってホステス達におごってやったりしたが、ホステス達には好評であった。

私の名前が「あつし」なのでアメリカ人の友人達が私のことを「アーチィ」と呼んでくれていたのが由来である。別に名称があったようだが、アーチィフィズで通した。

戦争が進むにつれて食糧事情が苦しくなってきた。特に米は内地からの輸送が困難になってきて配給制となり、だんだんに量も少なくなってきた。

弁当は代用食になってきて、米に「粟」、「大豆」、こうりゃんを混ぜた。こうりゃんは赤い色をしているが、搗度《とうど》を上げるとやや白くなる。こうりゃんは中国人の食べ物として差別感があったように思う。

そのうち、配給日の前頃には甘藷、じゃがいも、かぼちゃ等が弁当の主食となることもあった。かぼちゃは当たり外れが多く、栗かぼちゃでない日はミゼラブルであった。

製鉄所は広大な農場を保有していたので、そこからの生産品が配給され、米以外はさほど困窮したわけではない。

それまでは食べたこともない骨付きの羊肉が配給されたこともあるが、羊肉は体が温まるので虱がわくと噂された。

輸送の関係で卵は茹で卵で配給された。なかには生まれる前のひよこが入ってるものもあった。

それから直径十センチもある大福餅が配給された。原料を輸送して作るより現地で加工した方が良いと考えられたのであろう。大型にすれば配給の手間も省ける。

羊羹の配給もあった。寒天が多い練羊羹を流し込んで固めるタイプのものである。

羊羹を切り分けて饅頭の餡にするのである。ふかした饅頭を割ると羊羹の餡が流れ出る。祖母の発案であったが、羊羹を大家族で分けるより、饅頭に入れた方がより多く利用できると考えたのであろう。それよりも、祖母には練羊羹を切り羊羹より量産の安物とする感覚があったようにも思える。

当時はほとんど飲食店は閉鎖されていたのだが、だいぶ離れたところに開いている喫茶店があるというので兄にくっついて行ってみることにした。たんぽぽの種子を煎ったものがコーヒーの代用であったが、砂糖の配給がわずかであった時代にもかかわらず「きんつば」があった。粒餡を四角に切って小麦粉を水に溶いたものを表面に付けて鉄板で焼く、あの本物のきんつばであった。私は以来、初めて食べたきんつばのとりこになってしまった。

その後、素晴らしいきんつばを希求しているが、これというのがいまだ見つかっていない。きんつばの研究をしたいと思っている。

お茶も届かなくなってきたので、みんな豆茶というものを作った。歯朶《しだ》を小さくしたような葉っぱの多年草で、小さな莢《さや》豆ができる。ミニアカシアといった感じの葉と豆を乾燥させて煎って作るのである。香ばしく、ほうじ茶のような香りがした。

小学校五年の頃から胸に痛みを覚え、医者に肺門リンパ腺炎と診断されて病院通いをした。父が「すっぽん」を手に入れて生き血を飲ませてくれたのを覚えている。

この頃から六年生の終戦までは不登校児であった。

戦争末期になると製鉄所は中国奥地から発進してくるアメリカのB-29によって爆撃されるようになり、ついには百万の邦人が満洲に残されたまま終戦となった。

昭和二十年八月十五日に戦争は終わった。満洲時代の第三期の始まりである。大人達は集まっては額を寄せて、声を小さくして、笑いもせず話をしていた。

ソ連軍が進駐してきた。最初に現れたのは獰猛な面構えの兵士であったが、後詰《ごづめ》は少年に近い若い兵士達であった。この連中の傑作な話はたくさんあるが、本題ではないので別稿に譲ることにする。

ソ連軍は製鉄所の機械や装置、溶鉱炉（高炉）の耐火煉瓦の一枚までも解体して持ち去った。父も兄も製鉄所の従業員達は、この解体作業に使役された。満洲帝国の紙幣も流通していたが、使役の対価はソ連軍の軍票で支払われた。

終戦になると備蓄物資が放出され配給になった。いろいろあったと思うが印象にあるのは、おびただしい缶詰と砂糖であった。特に「トマトサーディン」（鰯のトマトソース煮）の楕円形の缶詰がなぜか多かった。缶切りは丸く切って開けるものが普通であったから苦労して開けたと思う。

私は今でもトマトサーディンが好きである。最近は手に入らない。たまにあっても小さな楕円缶しかない。もし手に入るようだったら十年分くらいは買い溜めしたいと思っている。

ソ連軍の使役が終わると収入はなくなり、それぞれが工夫して生きていくことになる。父は砂糖で「あめ（飴）」を作った。砂糖を溶かして壁に打ちつけた釘に何回も引っかけては伸ばし、最後は切って飴にする。

また、もち粟の粉で「あられ」を作った。薄くのした粟餅を正方形に切って乾燥したものを手製の籠の筒を回しながら焼くと膨らむ。これに醤油と砂糖のたれを絡ませると、あられのできあがりである。

きな粉に水飴を混ぜて、のして切り揃えて捩《ね》じると「きな粉飴」になる。

これらを作ったのであるが販売先は知らない。なぜ父がこのような技術を知ったのかもわからない。たぶん、昵懇のお菓子屋（『吉野屋』といったと思う）に頼まれたのではないかと想像する。

米はほとんど入手できなくなったので、こうりゃんをご飯のように炊いて主食とした。中国人は沸騰した湯に入れて煮て食べていた。粒々した状態で粘り気はなく、お湯が残ってさらさらしたものである。

終戦になって、最も驚いたのは自由市場の出現である。

社宅街のはずれの大路に食肉店、八百屋、穀物屋、食べ物屋等の中国人の露店が通りにいっぱい並んだ。

自由市場、統制廃止、規制緩和がいかなるものかが、今になってみて経験としてわかる。

記憶に残っているのは「麺」である。小麦粉を練ったものを何回も引き伸ばして細くした麺の実演販売、茹でて汁をかけて丼で出す支那そばや、にょろにょろ麺（押し出し麺というべきか）。木の台に穴を開けて金属の筒を挿入し、下面に穴を開けた板を打ちつける。この筒にとうもろこし粉か小麦粉を練ったものを入れ、上から梃《てこ》を利用してピストンで押し出す。にょろにょろと細く押し出された麺は下の沸騰した湯の入った鍋に落ちてゆがかれる。それをすくって丼に入れ汁をかけてお客さんに供される。

「チェンピン（煎餅）」屋もたくさん店を出していた。粟かこうりゃんの粉を水に溶いて、直径五十センチくらいの平らな鉄板の上で平たいレーキ状のもので薄く広げながら焼く。大型のクレープと思えばよい。店によって材料も違うし、薄くぱりっと焼いたものや、厚めでしっとりとしたもの等、店によって特徴を出していた。私はこれらを飽きもせず眺めていたものだ。

祖母はチェンピンを買ってきて、肉と野菜を炒めたものを包んでジャンボ春巻風にして食べさせてくれた。

一九九四年に妹二人と故郷鞍山を訪れたが、帰途大連で土産にもらった大量のチェンピンを、上の妹は冷凍庫に保管して、懐かしみながら数か月かけて食べたそうだ。家ではほとんどを捨てられてしまった。もったいないことをしたものだ。

肉屋は飯台で中華包丁で肉を切って売っていたが、おやじは例外なく肥って脂ぎっていて自ら広告看板の役割を果たしていた。

豚は、ほとんどが黒豚であるが、屠殺する前にこん棒で悲鳴を上げるのを構わず体中を殴りつける。そうすると肉が軟らかくなるとの話であった。

「マントウ（饅頭）」は蒸しながら売られていたし、「水餃子」は茹でたものが売られていた。

天秤棒で担いできた大きな甕から軟らかい「豆腐」をレンゲですくってたれをかけて出す。

日本の掬い豆腐のようなものだが、もう少し軟らかかったように思う。

豆腐の味噌漬けと豆腐の塩辛と呼ばれていたものがあった。五センチ角で厚みは二センチくらいの固い豆腐を新聞紙で包み赤い味噌漬けか塩漬けにしたもので、中国の「腐乳」、沖縄の「豆腐よう」に相当するものである。

いろいろと食欲をそそるものが満ち満ちていた。


ソ連軍が引き揚げた後、毛沢東の八路軍（中共軍、パーロと呼んでいた）が入れ替わりにやって来た。そのうち内戦が始まり蒋介石麾下《きか》の中央軍が八路軍を北に追い払って進駐してきた。中央軍の入場式があるというので見に行った。最初は馬に乗った威風堂々とした将軍や将校で、精鋭の歩兵が続く。しかし最後の方になると、丸腰の輜重兵（しちょうへい、物資、弾薬の運搬係、食事も作る）が天秤棒で大きな鉄鍋をぎしぎしと担いでやって来る。体格も貧相で農民から徴用されたものであろう。腰にアルミの椀とスプーンをぶら下げていたが、安手の軍服に菅笠のようなものをかぶり、何とも格好の悪い連中であった。

中国の人は滅多なことでは冷たいものは食べない。常に温かいものを食べる。戦場でもそうである。鉄鍋で昼食を作っている最中に握り飯で腹ごしらえをした日本軍が突撃してくる。これが中国軍の敗因だという説がある。説得力のある話と思う。

彼らの料理をするところを見たことがある。直径七十～八十センチの大鍋に少量の油を熱し、にんにくと唐辛子を入れ、頃合いを見計らって豚肉を入れて炒める。その後野菜など入れ、調味料を入れて仕上げる。材料は少しずつ変わるがやり方は同じで、じっくり煮込むものはない。これが彼らの野戦食の作り方で相当速い。中華料理の基本の一つでもある。

後のことであるが、北京の清華大学を訪問した時も、昼食時に学生がアルミの容器を持って食堂に行くのを見ることができた。時間をはずすと温かいものが食べられないとのことで昼食時間は厳守であった。

家ではあられ、きな粉飴の後は豆腐を売った。郊外のトウカントンというところで中国人が作る豆腐を仕入れて、父と兄はリヤカーに積んで街の中心部へ、祖母はバケツに入れて近所に売り歩いた。豆腐は水に入れて売り歩くのでバケツは重く、少年の私には無理でたいした手伝いにはならなかった。

この豆腐はやや固く、一丁は大振りであったが、時にこげ臭いと言われていた。品質にばらつきがあったものと思う。

この頃母は病院通いをしていたが、生活は安定していた。売れ残った豆腐は「がんもどき」にしたり、冬には切って窓際に置いて「凍豆腐」にしたりした。

この頃に祖母がどこかで教わってきたのであろう、「けんちん汁」を作った。大豆油を熱して豚肉、じゃがいも、人参を炒める。その後に豆腐を潰して入れる。その後水を入れて調味料を加えて煮る。油の旨味が出て美味しいものである。後に所帯を持ってから再現してみた。旨くできたが、満洲での大家族の時と同じ量で作ったので、一人で数日にわたって食べるはめになった。現在では、地方によっては、里芋、こんにゃく、牛蒡などを入れて作られている。

食糧事情は米がほとんど入手できなかったが他のものは買うことができたり、野菜は菜園で作ることができた。この時期はいろいろなものが口に入った。こうりゃんや粟には黐種がある。「もちこうりゃん」、「もち粟」である。臼がないので祖母は木の樽で、お月様のうさぎの餅搗きのような杵でこうりゃん餅（黍《きび》餅といってよい）や粟餅を作った。最近では国内で通信販売などで手に入るようになっている。

すりおろしたじゃがいもで「じゃがいも餅」も作った。

自家製味噌も作ったし、昆布汁に色をつけた得体の知れない醤油を買いに行ったこともある。なぜか兄と「佃煮」を製造工場に買いに行ったことがある。川海老や小鮒、はや等が材料であったと思う。

「餡」は塩餡で、もやしを作る緑豆で暗緑色の餡を作ったこともある。

なかには変なものもあった。どこかの沼で取った、大振りの黒い貝で烏貝と称していたが肉は噛み切れない硬さであった。続けて食べることはなかった。

変な甘味料を父が手に入れてきて煎り大豆にまぶして食べたが、薬品臭くて低温でも砂糖のように固まることはなかった。後になって考えると、エンジン等の不凍液に使う「エチレングリコール」ではなかったかと思う。西ドイツのワイン会社がオーストリアから輸入したワインに混入して高級ワインに仕立てあげた、あの薬品である。大学の化学実験室でも戦中戦後に食べたそうである。その後健康には影響はなかった。

日本人の内地への引き揚げが始まり、父が技術指導のために中国側に徴用されることになったため家族を二つに分けて、祖母、兄、私と下の妹の四人で先に引き揚げることになった。ちょうど、内戦が激化して、中共軍―中央軍―中共軍と変わった後の中央軍の再占領のタイミングに引き揚げが行われた。奉天（瀋陽）を経由して、港のあるコロ島まで無蓋貨車で行き収容所にいれられた。収容所は鉄条網で囲まれていたが中国人は外側に焼豚や鶏の丸焼きを売りに来た。中国人が中に入れないことをよいことに、品物を受け取って金を払わない日本人を目撃して浅ましいと思った。

年寄りと子供三人の引き揚げの途上は困難な状況もあり人間不信になった。後年冷たいとの印象を与えることもあったがその故かとも思う。

戦時標準船の貨物室に乗せられて帰国した。船中では見たこともないような海草に米がまぶされたようなご飯が支給された。

船の事務長というのがアメリカ軍の放出のジャンパーと帽子でかためたキザな男で、配給の米を横流ししているらしいとの噂が立っていた。

佐世保港に着いたが、北満の開拓団の引揚者からコレラの保菌者が出たとのことで一月も足留めを喰ってやっと南風崎というところに垢まみれで上陸した。

この項では食べ物以外のことを書き込みすぎたように思う。読者には許しを乞いたい。八月に終戦となり翌年の八月に帰国したが、この一年は私にとっては、少年であったとはいえ、凝縮された一年であった。

味の嗜好は十二歳までに決まるといわれるが、現在の嗜好はこの時までにできたのか定かではない。

## その二　九州時代

一九四五年に太平洋戦争が敗戦で終わり、その翌年の八月に祖母、兄、下の妹の四人で、父母、妹、弟を残して中国より引き揚げてきた。父達はさらに翌年の八月に引き揚げてきた。佐賀県杵島郡大町町にあった実家は親類に貸してあったのだが、そのままで我々は間借り人のように二階の部屋に住むことになった。

引き揚げてきたのは旧制中学一年で十三歳の時であったが小学校高等科に編入し、翌年に新制中学二年に編入された。中学卒業後は二十キロ離れた佐賀市にある高校に進み、汽車で通学した。その後、福岡市にある大学に進学したが、時折佐賀に帰省した。ここでは主として終戦後からの佐賀での事柄を取り上げることにする。

引き揚げてきた時には大変なカルチャーショックを受けた。狭い砂利敷きの道路、おもちゃのような汽車、わら草履ばきか裸足の子供、田んぼ、緑の山、藁葺きの家、おわいの臭い、困ったのは水洗から落とし込みのオツリのくる便所への変化等である。

次には言葉。方言がわからない、苛められたとの覚えはないがからかわれる。したがって、一生懸命方言を覚えた。現在でも地元の連中よりも方言に詳しいのは、学習の賜物である。

戦後の食糧難の時代であったが、私の町は大きな炭坑町で、炭坑に働く人達は特別の配給があったし、農家も多く、ミゼラブルなのは非農家の人達であった。

父親の実家は山深い山林農家であったが、取りに行けば米や芋が貰えた。帰り道で闇屋と間違えられるのが困った。また、近くに兼業農家の分家があり援助を受けることができた。山の方に鉱害で水が抜ける田んぼがあり、さつまいもを作ったりした。引き揚げ後もひどく食糧に困ったという感じはなかった。

佐賀県は稲作については佐賀段階といわれた日本一の収量を記録する等、農業県でもあった。家は非農家であったから米の配給、記憶では大人一人一日二合（二カップ、三百十グラム）であったと思う。今では一日一合くらいしか食べない。

主食としてはそのほか「甘藷（さつまいも）」が配給された。収量の多い「農林百号」という大型の品種で不味いものであった。澱粉製造のために開発されたものであろう。

砂糖も配給された。カロリー計算で主食に充当されたものであろう。砂糖をたくさん食べると鼻の付け根の内側がジンジンした。後年甘いものが嫌いになったのはそのせいだと思う。砂糖は農家が米に換えてくれた。

修学旅行は米持参で、担任の農家出身の先生がこっそり下さったこともあった。「押麦」も配給された。真ん中に筋がついているので、女性性器になぞらえて〇〇〇〇麦とこっそり呼んだものだ。

米に芋を混ぜて「芋飯」、大根を混ぜて「大根飯」にしたこともあった。知人には芋の葉っぱを混ぜた「粥」を食べている人もあった。

家は小学校の正門の前にあったので、昼食は家で食べていたせいか、友達の弁当の中身については記憶がない。

学校では食糧確保の助けにかぼちゃを作った。たぶん先生達のためだったろうと思う。かぼちゃは「菊かぼちゃ」と長いひょうたんのような形をした「ボーブラ」というのがあった。家でも作ってみたが西洋かぼちゃに比べれば水っぽく、美味しいものではなかった。

この頃流行った「りんごの歌」の替え歌の「かぼちゃの歌」を歌いながらかぼちゃを作った。歌詞の最後は「かぼちゃ可愛や、可愛やかぼちゃ」で終わる。

父の実家では甚八笠と称して直径五十～六十センチの扁平な菊かぼちゃを作っていた。

高校の頃には、配給のパン券なるものがあり、現金を添えてパンを買う。コッペパンと呼んでいた直径十センチくらいのパンを下校の際にパン屋で買って間食にした。闇のパンもあったが高くて小振りであった。

食べ物でもカルチャーショックがあった。肉食主体が魚主体となったこと。見たこともない食品が目の前に続々と現れることになった。

最初に現れた奇妙なものは「こうびな」（川にな）である。長さ三センチくらいの細長く黒い巻き貝で、小川や溝等の石垣や岸にへばりついている。これを塩茹でしたものをザル一杯友人が持ってきて食えと言う。尖った頭の方を石で叩いて潰して、開いた下の口から吸い、蓋を舌で飛ばして身を食べる。わたがほろ苦く、何もない時はおやつになる。後に石の代わりにペンチで頭を切るとよいことがわかった。

兄はそのようなものを軽蔑していた。泥臭いといって川のものが嫌いだったし、以前に祖母が魚の行商をしていたせいか、海のものの方が高級なものと思っていたようだ。

山奥の父の実家でも従兄弟達が、やはりおやつ代わりに食べていた。当時は蛋白源のひとつであったろうと思う。

「たにし」は大きなものが近所の田んぼにごろごろしていた。

あまり大きくないが「どてっぽっぽう貝」という海の巻き貝があった。茶色の斑点がついたもので「ばい貝」と思う。兄が喜んだものである。

祖母はよく「ぶえんもの」（無塩物）、有明海で獲れたものを「前もの」と呼んでいた。ぶえんものは塩物（塩臓物）でなく生物《なまもの》を指す。前ものは前の海で獲れたもので、江戸の江戸前と同義である。日常食べる魚介類は有明海からのものが主であった。

有明海には特異な環境下で独特の魚介類があった。

有明海は不知火海《しらぬいかい》とも呼ばれ、福岡県、佐賀県、長崎県、熊本県（筑後、肥前、肥後国）に囲まれた湾で潮の干満差が大きく、干潟が発達している。諫早湾の閉鎖で海苔の養殖、平貝などが大打撃を受けたとされる。

代表的なものは「むつごろう」である。十〜十二センチくらいの黒灰色のはぜのような形でかば焼きにして食べる。今でも缶詰で売っている。昭和天皇の行幸の際、三枚に下ろして供したそうであるが想像できない。

「はぜ」も大型のものがいた。

舌びらめのような上面の皮が黒っぽい「くちぞこ」というのがいた。靴の底のようなので「くつぞこ（靴底）」とわざと呼んでいた。

「すぼ」というのがいた。一見海蛇のようなものであるが骨がほとんどで身がない。身は柔らかく、煮ても食べるが食べるところは限られる。干して焼いて叩くと身が剥れてそれを食べる。ひょろっと痩せた男を「すぼやん」と綽名《あだな》する。

「はだら」というのがいて、後に岡山の「ままかり」と同種とわかったが、鱗がついたまま醤油のつけ焼きにする。食べるのは面倒だが美味である。

有明海で忘れられないのは「うみたけ」(海茸)である。「みるがい」の親類と思うが、要するにみるがいの足が黒いと思えばいい。この足の表面が黒いのである。ヘドロの色といってもよい。有明海のヘドロにとけ込む保護色と思う。普通は干したものを焙って食べる。この味が良い。滋味というべきものである。生の足の表面の黒い表皮をこそぎ落として酢ぬたにする。磯の香りとともに母なる有明海を感じる。

有明海の味を一つだけ挙げろと言われれば、このうみたけを挙げざるを得ない。

昭和三十年頃からしばらくむつごろうもうみたけも姿を消した時代があった。稲作に農薬を大量に使った時期と一致する。最近では資源がだいぶ回復してきた。博多のお土産屋でもそれなりのサイズの干しうみたけが見られる。

「たいらぎ」(平貝)というのがある。有明海で獲れ、地元では「ちゃーらぎ」という。貝柱を寿司種に使うが固くてしまって貝の味がする。「ほたて」の貝柱のようにふにゃふにゃではない。最近は上等の寿司屋にしかなく、黒い大振りの三角形の貝殻と一緒に置いてあることが多い。これを握ってもらうと有明の海、不知火の海を思う。

「しゃこ」も獲れる。地元では「しゃっぱ」という。笊一杯を手でむしりながら食べる。最近では料理鋏で両側を切って上下(表裏)を開いて食べている。

有明海の貝を紹介しよう。「あげまき」と「牡蠣」である。あげまきは関東では「までがい」といい、地元では「兵隊さん貝」ともいっていた。身が背嚢を背負った兵隊の形に似ているので、そのような名前がついたものである。

むき身を煮付けにしても美味しいが、何と言っても殻付きのままの潮汁が良い。薄塩の中の、ほのかな甘みと潮の香りがして良いものである。めったにないがデパートかスーパーなどで見つけると迷わず購入する。寿司種にもなる。

有明海で獲れる牡蠣がある。寒くなると炭坑の売店近くで殻を割って売るおばさんが出現する。「かき打ち」といった。生の牡蠣を「せっか」（生牡蠣）という。有明海の牡蠣は広島の牡蠣のように透明感がなく、乳白色でわたの部分が大きい。このわたの部分が何とも味わい深い。

岡山に十年以上前から養殖で「曙牡蠣」なるものが出荷されているが、どうも有明海の牡蠣に似ているので、種は有明海から来たのかなと思ったりする。一度関係者の話が聞けたらと思うのだが。

魚の種類は豊富であった。有明海のほかに玄界灘の方からも魚が来た。どこから来たのかわからないが、生のものもあり干物もあり塩物もあった。

「かながしら」、「かながっつう」ともいった頭でっかちの表面が赤い魚で白身で煮て食べる。「ほうぼう」に似た魚である。

「このしろ」というのがある。小さいのは関東では「こはだ」という。寿司屋で大振りのこはだがあったので、「このしろを握ってくれ」と言ったら、職人がお客さん九州かと聞く。聞いた本人も九州出身であった。

小型の鱶の「ふかの湯引き」は酢味噌で食べる。

佐賀での少年時代に食べた他の海の魚を列挙してみよう。「いっさき」(いさき)、「ぐち」、「えいがんちょ」(えい)、「たちうお」、「いわし」、「とびうお」、「ぼら」、「むつ」、「えつ」、大型魚ではぱさぱさして美味しくない「しいら」、やけに塩辛い「塩鮭」、「干し鱈」等である。もちろん、「鯛」もあったし、「鯖」もあった。新しい鯖は生で胡麻醤油和えで食べた。烏賊は「甲烏賊」で、舟(甲)は子供の玩具になった。

新鮮な鰯が手に入ると、祖母は白子や腹子などを塩辛にした。

母はなぜか「なまこ」が好きであった。なまこをわしづかみにして、口か肛門かわからないが口で嚙み切って「このわた」を引きずり出し、しごいて砂を出し食べてしまうのである。一人娘で箱入りの母がどうしてこんな野蛮な食べ方をしたのかいまだに謎である。たまたま私が母の秘密を見たのかもしれない。もう聞く術もないのだが。

鯨も食べた。赤身の塩蔵物を「塩鯨」と称して、これが塩辛いのである。焼いてお湯を注いで少し塩抜きをして食べた。皮下脂肪の塩漬けを「皮鯨」といい、一部に黒い表皮がついているのだが、切ってうどん等の味つけに使った。さらに薄く切って湯通しすると白くちりちりしたものになる。「おばやき」か「おばやけ」といい酢味噌で食べる。

後になって南氷洋で獲れた冷凍の鯨が流通するようになり、赤身の肉の刺身が食べられるようになった。

「いるか」も食べた。皮下脂肪付きの鯨よりやや暗い色の赤身で味噌仕立ての汁で食べる。ちょっと独特の臭みがあるが嫌いなものではなかった。

佐賀を語るなら「かにつけ」(蟹漬け)、または「がにつけ」、「がねつけ」、地元では「がんつけ」である。蟹のことを「がに」、「がね」という。有明海のがた(潟)に棲む「まがに」(真蟹)、または「まがね」、一般には「しおまねき」といわれるものである。鋏の片方が異様に大きい小型の蟹である。鋏は根元の方が赤く先が白い。体も赤っぽい。獲った後生きたまましばらく置いて、排泄物を出させた後洗って、すり鉢で砕いてすりつぶす。好みによりすりつぶす程度を加減し、鋏の部分や足を残したりする。すりつぶしたら塩と唐辛子を加えて寝かせ、二〜三週間すると食べられる。要するに蟹の塩辛である。爪の部分は赤く残るが全体には焦げ茶色。見た目は良いとは言えない。

これを白飯にかけて、うどんの汁に混ぜて、または調味料として食べる。これだけでご飯が進む。慣れればたまらない郷土の味である。殻も一緒だからカルシウム源にもなる。

以前は自家で作られたものであるが、現今では瓶詰で売られている。荒く砕いたものと、年寄り向けによくすりつぶしたものがあって選択できる。

「まがに」百%が最上とされる。マニアックな味自慢の人が売りに来ることがあった。大量に作ってしまって自家消費できなかったのであろうか、商売だけでやってるとは思えなかった。

さらに、「まがに」の半分以下の小型サイズで、爪の先が赤い「かたしろがに」だけで作るがにつけがあった。ちょっと無機質な独特の匂いがあるが、通には喜ばれる。

有明海には他の蟹もいる。地元では「がさまがね」という菱形の蟹、「がざみ」のことである。「渡り蟹」ともいう。竹崎というところに専門に食べさせる店があるそうだが、一度行ってみたい。だいぶ高価になったとのことだが。

「はなつっぺ」という緑灰色の甲羅の直径が五〜六センチの蟹がいる。巣穴に菜の花の先っぽを吊して釣り、茹でて食べる。

川、淡水には「つがに」がいる。鋏に毛が密集している蟹だ。「もずく蟹」といわれるものだと思う。

山の渓流には「かわがに」（さわがに）がいっぱいいたが、当時は誰も獲って食べなかった。

あみの塩辛で「あみつけ」もある。塩辛さでは「がにつけ」と同じである。両方で「がんつけにあんつけ」といい、当時はこれで白飯をどっさり食べるという食習慣があった。

寺の住職を兼ねた担任の先生が、この頃から塩分の取りすぎと栄養のアンバランスについて警鐘を鳴らしていたのを憶えている。


川魚についても書こう。

五月の田植え時期になると、農業用の溜め池から田んぼに水を張るため放水する。水は用水路をいっぱいにして下流に向かって流れる。この用水路を体長十五〜二十センチの「ひゅうたんご」(ひょうたんなまず)が遡上してくる。網ですくって取り、焼いて食べるが美味しくない。

佐賀平野には農業用のクリークが縦横に走っている。夕方、ここに蛙を餌につけた太くて大きな釣り針を仕かけて、大鯰か鰻を狙う。でもだいたいは「たいわんどじょう」(雷魚)がかかる。

雷魚は戦時中の蛋白源に中国から導入されたらしい。獰猛で悪食で、体長五十〜六十センチくらいまで成長する白身魚で淡白な味であったが、寄生虫がいるとのことであまり人気はなかった。

用水路には「どんぽ」または「どんぽつ」(どんこ、鈍甲)、鯰、鰻などが石垣の隙間などを巣にしていたので、細竹の先に釣り針をつけた仕かけで釣った。たまに釣れるといった状況であった。手長蝦も釣った。

溜め池やクリークには「鮒」を釣りに行った。たまには「鯉」もかかった。餌は縞蚯蚓《みみず》で自家で飼って増やしたものを使用した。

仕かけは兄が作り、やり方もすべて兄に指導を受けたものである。兄は釣り竿も大事にしていて、何本もコレクションしていた。

稲の収穫が終わると農業用水用の溜め池の掻い掘りが行われる。入漁料を取られるので見に行くだけであった。

家では泥臭いという理由で淡水魚は人気がなかった。むしろ淡水魚を食べることを蔑視していた節がある。以前に祖母が海水魚の行商をしていたせいかと思う。

冬になり、正月が近づくと、名前がついていたと思うが、金枠に網を張り竹竿をつけたもので引いてクリークの底の泥の中で冬眠している鮒を泥を掻き取りながらすくう。鮒は昆布巻きにして正月のご馳走になる。主として休みの日に父親が漁をした。これも家では人気がなかった。

後年、佐賀市に住む妹に送ってもらったりしたが、その時は懐かしさとともに美味しいと思ったものだ。

終戦後しばらくの間は、だいたいどこの家でも縁の下で「鶏」を飼っていた。ひよこを買うか貰ってきて、みかん箱に電球で保温箱を作り育てたりした。

米糠かふすまに野菜の切れっぱしを刻んで混ぜたものを餌にした。餌の制約があり、せいぜい雄一羽、雌二羽くらいで、卵と肉を取った。

鶏をつぶして肉にするのは自家で行ったものである。首を絞めて殺し、毛抜きをした後毛焼きをし、頸動脈を切って血抜きをする。解体は内臓を注意深く取り去って各部分に切り分ける。内臓も中身を取り去り別に分けておく。

来客があれば「かしわ」（鶏肉）屋に買いに行ったりした。

兄は趣味で「けとり」（蹴鶏?、「しゃも」、軍鶏）を飼っていたが、背を高くして有利にするために餌の位置を高くしたり工夫をしていた。時折、相手を見つけて「闘鶏」をやる。

警察の目を盗んで賭け闘鶏をやる連中もいたようで、試合の前には蝮《まむし》の粉を食べさせるそうであった。朝鮮の人は軍鶏の足の中間に後ろ向きにはえる「けずめ」（蹴爪）にナイフを取りつけて、相手を殺すまで戦わせるとの噂があった。

食肉用としては軍鶏の雌が歯ごたえ、味とも最高で、雄は肉質が硬いとされていた。軍鶏と普通の鶏をかけ合わせた雄が「はんと」といって肉質も良く、体も大きくなり肉の収量も大きいことから歓迎された。

「兎」も飼った。家兎である。毛皮を業者が買い取るということでちょっとしたブームになった。実際には引き取る毛皮の検査が厳しく、売れることはなかった。

子兎を購入して育てるのが原則であったが、そのうち仲間内で種付けを行って自家繁殖させるようになり、主として肉用に飼った。肉用であれば毛色が変わろうと関係がない。

そのうち業者はアンゴラ兎を持ち込んできたが、ほとんど相手にされなかった。

兎の解体には膀胱を傷つけないように細心の注意を払う必要があった。全体に臭いが移るからである。

兎の餌は、オオバコ、レンゲ、シーカイカイ等で濡れたものは駄目であった。注意しなければならないのは毒草のキンポウゲであった。


米が少ない時代には米や米の飯を「銀シャリ」といっていたが、本当の銀シャリを見た。父の実家の分家で同じ山あいにあったが、おくんち（十月十九日に行う、いわば勤労感謝デー、長崎くんち等が有名）のご馳走に炊くご飯が透き通って艶があるのである。口当たり、噛み心地も抜群である。普通の飯粒よりも小粒に見えたのは、当時は水車で搗いていたので、米の外側を時間をかけて相当削ったものと思われる。後にも先にもあの銀シャリ以外には接する機会はない。

佐賀の餅搗きは特徴がある。大きな臼にいっぺんに餅米で五升（約八キログラム）分搗く。最初の捏《こ》ねから搗くのは六人がかりである。細目の杵で猛烈なスピードで順番に搗く。最後の仕上げは太い杵一本で臼取りの調子に合わせて軟らかさの調整を行う。

六人の搗き手は一家では賄えないから近所、親戚の合同で搗く。農家では一俵（六十キロ）以上、大百姓では五俵も搗くところがあった。

私は左ギッチョなので六人の中に入ると調子が悪い。次が杵の頭を叩くと杵が横に飛び危険であり、大杵も臼取りが嫌がる。私としてはシメシメで、せいろの運搬や掃除でお茶を濁していたが、主役でないコンプレックスを感じないでもなかった。

最近でも、町内会の餅搗き大会でも左ききと神経痛と年齢を口実に観覧席で酒を飲んでいる。

テレビ等で紹介されたりした佐賀の「餅すすり」がある。搗きたての「餅」を伸ばしながら酢醤油をつけてすすり込むのである。普通の大人はいっぺんに餅米にして五合くらい、食べる人は一升すする。喉をオープンにしておく必要がある。少年の私は細めに伸ばしてせいぜい二合であった。

搗いた餅はまず御供え餅とする。大きなものでは二つ重ねで一斗分もある。当日食べる餡こ餅、きな粉餅、大福餅、それに「なまこ餅」（台所に飾る餅）、「丸餅」、もろぶたに入れて「のし餅」の順に成形していく。

関東はのし餅、関西は丸餅といわれているが、私の郷里では丸餅のほかに、大部分は深さ五〜六センチ、幅三十センチ、長さ六十センチくらいの「もろぶた」に入れ、のしていっぱいにならす。関東ののし餅はせいぜい二センチくらいの厚みで、切って角餅にするが、佐賀のものは切り餅はもろぶたから出して一センチ幅くらいに切るので長方形の上下面が切り口、側面の一部が餅の表面になる。

餅は保存のために、カビが生える前に「水餅」にする。すなわち水に漬けるのである。水は寒の水が良いとされ、長ければ四月頃までもったものである。

餅を火鉢で焼いて、砂糖醤油をつけて食べるのが一番好きであった。

父の実家では畑作もしており、正月とは別に秋頃には粟餅を搗いてもらったりした。

水田の裏作には大部分が小麦を作っていた。品種は知らないが、粉にすれば薄力粉であったろうと思う。

小麦粉の使用量で最も多いのは手打ちうどんである。水を加え、捏ねて打ったうどんをそのまま煮立った鍋の汁に入れて煮込むのを「だごじる」、「だごじゅる」、「だごじゅっ」（団子汁）

と称した。野菜類と味つけに皮鯨など入れる。

当時は学校で農繁休暇なるものがあり、生徒は田植えや稲刈りなど、学校を休んで手伝いをさせられる。農家の友人の家に手伝いに行くと、この「だごじゅっ」を夕食に食べさせられる。農繁期の簡単にできる食事である。

山梨の「ほうとう」、栃木の「おきりこみ」に相当するものである。九州一円で食べられた食べ物であるが、最近では格好良く「だんごじる」などと表現されているようだ。

捏ねたものを伸ばしてちぎりながら鍋に入れる「つんきだごじゅっ」（ちぎり団子汁）がある。青森の「ひっつみ」と同じものと考えてよい。「すいとん」は小麦粉をゆるく水に溶いたものを匙で入れるが、できあがりは似たようなものである。

小麦粉をゆるく水に溶いて、油を引いたフライパンに流し込み両面を焼いたものを「やきだご」（焼き団子）といい、砂糖をかけておやつにする。ベーキングパウダー、もしくは「ふくらし粉」（重炭酸ソーダ）を入れて焼くと大型ホットケーキ風になる。

酒母（代々継続してきたもの）を使って饅頭も作る。酒饅頭である。切ったさつまいもに生地をかぶせて蒸したものを「ふうかぶり饅頭」（頬被り饅頭）という。サイコロに切ったさつまいもを生地に混ぜて蒸したのを「いしがきだご」（石垣団子）という。東京でも上品にしたものを売ってるが、野趣あふれる感じではない。

もちろん餡入りの饅頭も作られた。饅頭を作る時に「まんじゅうのは（饅頭の葉）」を敷く。これは蒸し器に敷いた布にくっつかないようにするためで、経木と同じ働きをする。最近、岐阜の友人の墓参りをした時、お茶請けに麩饅頭が出されたが、この饅頭の葉でくるんであった。岐阜辺りでも自生しているのであろうか。

果物について書こう。

家には庭に二本の「柿」の木があったし、近所でも柿の木は多かった。一年おきになり、鮮やかな柿の実の色が夕日に映えたものだった。

早生の小粒の甘柿はゴマ入りで友人の家にあった。ほとんどが丸い形の渋柿で、家には当時珍しい「富有柿」があった。富有柿は祖母が嫁入った時に植えたものであったが、祖母が死ぬと二年ぐらいで枯れてしまった。因縁めいたことを感じさせる事柄であった。

甘柿は「木ねり」（木で甘くなる意）といっていたが少なく、ほとんどが渋柿の渋を抜いた「ねり柿」（練り柿）であった。焼酎を振りかける「酒練り」とお湯に浸して渋を抜く「湯練り」があった。商売用に大量に処理する場合には風呂桶を使うので「風呂練り」といったりもした。

その頃は人が使った風呂で練るのかと思い込み、練り柿は口にしなかった。不潔というより不浄な感じであった。

もろぶたに藁を敷いて「熟柿」にしたものを正月前になると母が出してきて、こっそり食べさせてくれたことを思い出す。熟柿は「ずくっしょ」ともいった。干し柿も自家で作った。

友達の達ちゃんの家では大振りで見事な「とんご柿」(とんがって入る柿の意)がなり、おじいさんがこの柿で干し柿を作る。皮をむいてマオラン(真麻蘭)の繊維で二個ずつ縛り竹竿に吊して干す。おじいさんはよく揉んで柔らかくし、小さな棕櫚《しゅろ》の箒で掃いて塵を取る、すなわち頻繁に手入れをする。

色が変わって柔らかくなってくると、達ちゃんはおじいさんの目を盗み縁台にのって、高いところに干してある干し柿の下から柔らかくなった果肉を吸い取るのである。あとは適当に成形してバレるのを防ぐ。正月には達ちゃんのお母さんがこの干し柿を出してくれる。それは食べない。

家の庭には、「ぐみ」があったし、その後挿し木で西洋グミを植えた。「ざくろ」(石榴)もあったし、小さな実しかならない「枇杷《びわ》」もあった、大きな茂木枇杷は買って食べた。枇杷の木で木刀を作ってはならないと言われていた。打たれた筋肉が腐るというのである。

父の実家には「夏蜜柑」の木があったし、川べりの田んぼの近くには「ゆてぐり」(すもも、プラム)もあった。家の山の畑には「木苺」(ラズベリー)もあった。

梅は塩漬けにしてカリカリと食べるか、「赤紫蘇」の葉を加えて梅漬けにする。赤い梅漬けの種を残し、肉をそいで砂糖をかけてお茶請けにする。カリカリした食感が楽しい。

梅干しもあるにはあったが、ほとんどの家では梅漬けのみであった。

祖母に赤紫蘇はよいが、青紫蘇（おおば、大葉）は体に悪いと教え込まれたので、今でも刺身のツマ等でついてくる「大葉」は食べない。

山に行けば「あけび」があったが、見つけてもだいたいは高いところにあって、口に入るのは稀であった。「やまもも」もあったし、「桑の実」もあった。椋の木に登って、小さな実を取って食べたりした。苺もあったし、「いちじく」もあった。

佐賀に比較的多い「菱」もあった。大きな「鬼びし」を包丁で二つに割り、嚙むと白い身が出て、ほのかに甘い。溜め池に自生していたので泳いで取りに行ったりしたが、足に水中の茎が絡まって溺れる心配があったので止めた。

友達の家に「ネーブル」（ネーブルオレンジ）があって、食べる前に火にくべてから皮をむく。いまだになぜなのか理解できないでいる。

これらの果物は干し柿と熟柿を除いて、少年時代の満洲では目にしたことがないものであった。

野菜も満洲時代には見たことがないものも多かった。配給のさつまいもは不味いものであったが、父の実家では皮が白く実が黄色の甘いさつまいもが少しばかり作られていた。品種は知らない。だいぶ後になって皮が赤い「金時いも」にも出合った。

「じゃがいも」は小さくて水っぽく、美味しいものはない。なかには青くてエグ味があるものもあったりして、満洲で食べたものとは雲泥の差があった。

「いもんこ」（里芋）は「こいも」（子芋）と「おやいも」（親芋）があって、子芋の方が美味しかった。父の実家の下にある叔母の嫁ぎ先には共同で使う石を穿《うが》って作った「いもんこ洗い」があり、水と一緒に入れて洗濯板を両手で持って半回転しながら洗い子芋の皮をむく。いわゆる「いもあらい」である。同類の「たけのこいも」（筍芋）も少量だが父の実家で作っていた。

「いもがら」（芋茎＝里芋の葉茎）は皮をはいで乾燥して保存食にし、水に戻して煮たり、炒めて食べる。同じようなものに「みずいも」（水芋）というのがある。この茎は皮をむいて生のまま味噌汁の具にしたり、茹でて胡麻和え等にする。

皮を剝ぐというと、蕗がある。葉の表が滑らかな「つわぶき」は、どこの家の庭にも生えていたし山にもあった。茎が少し赤みを帯びて白っぽい。普通の蕗よりこちらの方がポピュラーであった。

比較的若い「牛蒡」の茎も、さつまいもの茎も同様にして食べた。油炒め等は結構なものである。もう一度食べたい。

父は「やまいも」（自然薯）掘りのスペシャリストであった。さすがは山育ちで、特別の道具を使って、先っぽの根まで傷つけずに掘り取る。すり鉢で味噌汁とすり合わせてご飯にかけて食べるのである。栽培した大和芋もあったが、あんなものと軽蔑していた。

「もうそう竹」（孟宗竹）は少なく、その筍を手に入れるのは難しい。七月頃になると「まだけ」（真竹）の筍が出る。もうそう竹よりもやや細く肉も薄い。歯ごたえがよく独特の風味があり、好きなものの一つである。成長が早くてすぐ堅くなるので時期が短い。季節になると広島へ帰農した家内の友人から送ってもらっている。

野菜などはほとんどのものが初めて見るものだから興味津々であったが、キリがないので最近のスーパー等ではあまり見られないものについて記すことにする。

庭の畑に「フダン草」や「チシャ」があった。葉先が赤っぽいチシャは葉を下から順にもいでいく。切り口からタンポポのように乳が出てくる。母乳の出が良くなるといわれていた。「しゃくし菜」というのがあり、杓子の形をしている。中国名のチンゲンサイの葉茎を細くした形で、親類ではないかと思う。

高菜は、「カラシ菜」、「カツオ菜」とも呼ばれ、葉がちりめん状のものは「チリメン高菜」

と呼ばれていた。漬け物等にしたり、変色した古漬けは刻んで油炒めにする。博多等で売っているお土産のピリカラの高菜漬けと同じものである。

「とうがん」（冬瓜）は大きな瓜で果肉を酢の物、煮物、汁物の具にする。胡麻に似た香りがする。普通の瓜とは変わっていたから好きではなかった。

初めて生えているのを見たのは、「とんまめ」（そらまめ、とうのまめ、天豆、蚕豆）。水田の裏作に作られた。とんまめで餡が作られたことがあった。

満洲では南京豆と呼んでいた「落花生」（地豆、沖縄ではジーマーミー）。花が地面に潜って豆になる様は驚きであった。

いんげん豆、ささげ豆、うずら豆、そのほかに大型の「なた豆」、莢の長さが十六寸（四十八センチ）あるので（実際はその半分）「とろくす豆」と呼ばれるもの等があった。いずれも豆として加工される。

「さやいんげん」が好きであったし、細くて長い「ささげ」の莢豆も好きであった。最近近所の農家の小母さんに試作してもらったのだが、取れすぎてはけ先がないので、だいぶ食べた。

枝豆は田んぼの畦に作るので「あぜ豆」といっていた。

関東では見かけないが、蔓豆で莢の長さ五〜六センチの「はっしゅう豆」（八升豆）、関西では「ふじ豆」といっている豆だ。大阪から種を取り寄せて栽培してみたが、多収穫でエンジ色の多肉質の莢豆である。独特の風味があり天ぷらにすると美味しい。緑色の大型のものもあった。

蓮の花も初めて見たし、「蓮根」を掘り取るところも初めて見た。レンコンという言葉があったが蓮根とは関係なく、恋愛結婚の略であった。

切り干し大根は「かんころ」といっていたし、干し芋のことは「かんころ芋」と呼んでいた。たいていの家の庭には、「わけぎ」(分葱)や「にら」(韮)が植えてあり、必要の都度切り取り、また葉が伸びてくるとさらに切り取る。

「とんがらし」(唐辛子、鷹の爪)も植えてあり、青唐辛子と柚の皮をすりつぶしたものは「柚こしょう」として薬味にする。家では売っているものを冷蔵庫に常備している。

「葉唐辛子」の佃煮も祖母が残してくれた珍味である。

「みょうが」も庭の木の根元にあった。

葉っぱの漬け物を「おくもじ」または「おこもじ」という。大根の間引いた若い葉等を塩もみし、醤油等をかけて食する。刻んだものを熱いご飯等にかけて食べると、食が進む。

「にんじん」(人参)の間引いた若い柔らかな葉の部分をゆがいて「およごし」(白和えのこと)にして香りを楽しむ。

香りといえば「よめな」(嫁菜、ハギナの若葉)を摘んで味つけをして、ご飯に混ぜると良い香りがする。関東でも川の土手等でも見かける。よめなご飯を一度作ってみたが小さかった子供達は嫌がって食べなかった。

引き揚げてきた当時は見るものすべて興味津々であった。「つくし」（土筆）等実物を見るのは初めてであったし、すぎなの子であることも実証された。

伯父が跡を継いでいた父の実家では、終戦後しばらく味噌も醤油も自給していた。絞った醤油は背の高い甕に貯蔵されていたが、最後に残ったおり（澱）にカブ大根を厚く切って漬け込んだものは秀逸であった。

醤油を絞る前の麦の実の形を残した「しょうゆのみ」（醤油の実）、要するに「もろみ」なのだが、ご飯のおかずにする。ちょっとばかり加工して「おなめ」として商品化したものもある。

また父の実家では食酢も造っていた。「だいだい」（橙）を切りつぶして甕に入れ、蓋の覆いの部分を出して畑の土の中に埋めておくのである。必要に応じて出して使う。酸っぱいのはよいがすえた臭いがして嫌なものであった、そのためか、その後酢の物が嫌いになった。

戦後、九州の田舎で食べたもののすべてを挙げるのはキリがないので、取りあえずこのくらいにしておきたい。

# 牛肉

かつては「牛肉」（ビーフ）はご馳走であった。肉屋は精肉店と称していた。由来はよくわからないが、精選された肉を扱っているとの表示であろう。

精肉店の職人は牛の各部位をうまく混合し薄切りにして、高価な肉に見せるのが腕であったそうだ。かしわ（鶏肉）もそうだ。

八十日肉といって、冷蔵庫に八十日間貯蔵したものが最高に美味しいとされた。蛋白質がゆっくりと分解され、熟成による旨味が出るということであろう。貯蔵するのは半身が単位であるから、部位によっては付加価値が増すとも思えない。

国産牛肉は松阪牛、神戸牛などが最高とされているが、但馬あたりで子牛から育てられたものにビールを飲ませたり、マッサージしたりして脂を赤身に分散させた、サシが入ったという霜降肉が最高級とされる。血統にもよるそうだが、和牛がサシが入りやすいと聞く。

松阪の『和田金』という店のすき焼き肉を贈られたりしたが、私にはちょっと脂っこく感じられた。西欧系の外国人も脂っこいという。だが、サシ入りの肉は確かに軟らかい。

松阪で店の名前は忘れたが、隠れ里風の民家で二部屋しかなく、昼夜で四件しか客を取らないという店でご馳走になったことがある。炭火で焙って食べさせてくれるのが良かった。焼き加減は仲居さんがやってくれる。高価な店と思う。

岐阜の明治村の中にも牛肉を食べさせる店があるが、同じように焙って食べさせてくれる。

名古屋の近鉄乗り場の売店で松阪牛弁当なるものが売られていた。一見松阪牛の押し鮨風のもので味つけが秀逸であった。数が限定されており、買い損ねることもあったが、今でもあるかは不明である。

昨今では、銘柄牛として山形牛、佐賀牛などがそれなりに評価されているようだ。

## すきやき

牛肉は「すきやき」。ひと昔前は大変なご馳走であった。

だいたい関東では肉を炒めてから「わりした」を入れて野菜等と煮る方式である。上品な料理屋では、わりしたで煮た肉を最初に味わうよう仲居さんが給仕してくれるところもある。しゃぶしゃぶをハードにした感じである。

関西では肉を炒めて砂糖を大量にかけ、醤油で甘からく味つけし野菜等を加えて煮る。これも甘からい肉だけを最初に供するところもある。

関東と関西では味つけの傾向が逆のような気がするが、最近ではいろいろな地方の味が進出してきているので、まぜこぜでよくわからないが、美味しければよい。

肉以外の具はだいたい定番があるが、地方によっては採れるものによって少しずつ異なる。印象に残っているのは、岡山ではもやしの代わりに笹掻き牛蒡が使われていたのと、昭和三十四年頃姫路の近所に逗留していた際には松茸がふんだんに入っていたことである。

今年は外国産の松茸が安かったので、久し振りに多量ではないが入れてゴージャスな気分になった。

私は昭和三十九年頃、岡山県倉敷市の水島コンビナートでプラント建設の出張所長をしていたが、顧客のスタッフは東京から赴任している人が多かった。関西以西には関東の茎が白くて長い長ねぎがない。すきやき用にせっせと運んだものだ。

私が勤めた会社は財閥系であるが戦後の創業で、創業者の社長と大学同窓の従業員と新入社員で暮れが近くなると社内同窓会を兼ねて会社の施設で忘年会をやる。必ずすきやきパーティーとなる。創業当時は社内の宴会は奢ってすきやきを皆で食べたそうだ。

新入社員は必ず社長と同じテーブルにつかされ、鍋奉行の社長に食べ頃になると「食え」と命令される。後年、私は社長にはならなかったが、鍋奉行の後継となった。

家でのすきやき肉は上等なものと普通のものの二種類を買う。最初は上等の肉を賞味し、その後からは普通の肉をおなかと相談して食べる。子供達の食べ盛りの頃からそうしている。一人前二百グラムから二百五十グラムになる。最後はうどんを煮汁に入れて煮込んで締めにする。

学生の頃に家庭教師をしていた家で、卵を溶いた中にすきやきを入れて食べるのに初めてお目にかかった。現今では普通であるが、卵がそんなに大量に出回っていた時代ではない。

家では卵は冷蔵庫に入れてあるので冷たい。猫舌の私には肉や具が冷却されて具合がよい。

牛鍋では横浜に明治初期創業の『太田なわのれん』という店がある、牛肉を味噌だれで煮て食う。明治の味である。

## しゃぶしゃぶ

次は「しゃぶしゃぶ」である。日本を訪問する外国人の日本料理の定番として希望するのは、寿司、天ぷら、すきやきから、寿司、天ぷら、しゃぶしゃぶに変わってきている。

しゃぶしゃぶの原形は中国の刷羊肉（スワン・ヤン・ロウ）。羊肉のしゃぶしゃぶとされる。最初にしゃぶしゃぶにお目にかかったのは昭和三十七年頃に赤坂のＴＢＳの地下にある『ざくろ』であった。非常に薄く切られた牛のロース肉を二秒ほど火鍋《ほうこう》の熱湯につけ左右に動かす。これを布を水中でしゃぶしゃぶ洗うような感じで行い、肉は赤みがほんのり残った状態でたれと薬味に浸して食べる。肉を洗うようにして引き上げると脂身が縮れ、肉と脂の美味しさが渾然として感激したものだ。

肉を先にある程度食べたら、肉のだしの出た中に野菜を入れ、たれで食べる。最後に平打ち麺（うどん）を入れスープに塩味をつけて、椀に盛り薬味を散らしたものを食べる。

肉は凍らせて、特殊な機械で薄く切る。その薄さは包丁の限界を超えている。聞いた話では細胞標本（プレパラート）の薄片を作る機械を改造したものとのことであったが、詳細はわからない。

別に肉を追加すると、最初の肉に比べて赤身でちょっとばかりグレードの低い肉になる。この追加の肉を生のままにんにく醤油で食べるのもまた美味しい。スタミナもりもりという感じである。

その後、地方を含めていろいろなところで高級をうたう、または大衆値段をうたうしゃぶしゃぶを供する店が増えた。

鍋は必ずしも煙突のある火鍋でなくてもよい。鉄の深鍋もある。

「しゃぶしゃぶ」は登録されていて、なかには「じゃぶじゃぶ」と銘打って供する店もあったが、現在では登録期限も切れたのであろうか、「しゃぶしゃぶ」として日本の代表的な料理となった。肉の脂を熱湯で落として食べるのがヘルシーとして喧伝されもする。

このところ日本橋三越の向かいの『ざくろ』に行く機会が何回かあったが、別室でお客と一緒の会席ではボーイが肉の固まりを持ってきて断面を見せ確認する。その肉は冷凍されたものでもないので、その後薄く切る技術が開発されたものと思う。

現今ではスーパーでもしゃぶしゃぶ用の薄く切った肉を売っている。量が限定されるがハワイのスーパーでも売っている。

米国シアトルで子会社に出向していた後輩が、家で自家製のしゃぶしゃぶをご馳走してくれるというので招かれて行った。夫人がスライサーを買い込んで肉のブロックを薄切りにして出してくれたが、やはり厚めであった。

銀座の松屋の裏手にある『吉沢』という店も、しゃぶしゃぶが売り物の一つである。もとは肉屋とみえて、道路に面する一角に肉を売る店がある。実はこの店のしゃぶしゃぶの肉が厚めなのである。後輩の夫人にそのことを話して、慰めたのは言うまでもない。

家ではこれらにヒントを得て、比較的薄切りのすきやき肉を買い込んでしゃぶしゃぶを作る。家では厚切りのしゃぶしゃぶと称している。すきやきより簡便で、肉の味がしっかり楽しめ、家族の好きなものである。

スライス肉なら豚肉でも羊肉でもよい。肉は胡麻だれ、野菜はポン酢とするのがわが家の方式である。

近所の小さなスーパーですき焼き肉の半分くらいの厚みのしゃぶしゃぶ肉を売り出したが、

残念ながらすぐ引っ込めてしまった。客がつかなかったのだろうか。

最近ではいろいろな材料がしゃぶしゃぶで食べられるようになり楽しませてくれる。例を挙げれば、豚肉はもちろんのこと、蛸しゃぶ、蟹しゃぶ、鯛しゃぶ、鰤しゃぶ、餅もしゃぶしゃぶになる。

日本人の応用技術開発の能力の高さを示すものであろうか。

ジャカルタでも、しゃぶしゃぶをご馳走になった。日本式で、肉も上等なものであり、最後に「おじや」になったが、肉のあくが混じって色が悪く不思議なものであった。

タイのバンコクでもしゃぶしゃぶ料理が人気とのことで招待されて行ったが、海鮮物が主体で、たれは大変辛いものであった。

## ビーフステーキ

牛肉はご馳走の最たるもの一つであった。特に「ビーフステーキ」はその頂点にあった。血の滴るような分厚いステーキ食べるという表現はスタミナもりもりという感じで、ゴージャスな食べ物であった。

私は、ステーキの焼き方はミディアム・レアが好みである。レアも好きだが、時には中心が冷たいものもある。たぶん冷蔵されていたのであろう。

牛肉は脂の旨味が楽しめる「サーロイン」が良い。脂の少ない「フィレ」（テンダーロイン）も健康食として時々食べるが高価である。フィレのベーコン巻きステーキも良い。

ステーキとして食べるのはアメリカ人であろう。金網の上で焼いて食べる。自宅での小さなパーティー等では庭でバーベキューをやる。ケータリングを頼んでも炭火で焼くステーキがご馳走である。

アメリカでの仕事先の知り合いに招かれ、自宅でご馳走になったことがある。炭火の上のロストルの上で焼くのであるが、割箸より太めで半分ぐらいの長さの白い割った木を少しずつくべると、良い香りの煙で焙られる。火力の強いところを噴霧器（スプレー）でシュッとやって熱を調節する。彼は自慢げにかつ誇らしげに作業を行うのである。そのエンターテイメントとパフォーマンスに感心して、美味なることを賞賛せざるを得なかった。

以前にはアメリカの肉は硬くて不味いといわれていたが、そのようなことはない。アメリカでも美味しいものは美味しいし、上等で高価なものは、だいたい美味しい。

ワシントンでディナーに招待された店で名前が『プライムリブ』というのだが、店の中はゆったりとした感じではなかったけれど客はタキシードかロングドレスで、メニューは1ポンド

（四七〇グラム）か1ポンド半のリブ（サーロイン）ステーキのみである。肉は軟らかく塩胡椒だけの味も結構なものであったが、英語の会話に気を取られて心底から味わえなかったのは残念であった。

その店では御婦人方は食べ切れない残りを包んでもらって帰る。ドギーバッグではないという。このような格別の肉は持ち帰ってさらに調理して食べるとのことであった。

二十代の最後の頃ボストンの知人宅で食事に招待された。「ランプステーキ」だったと思うが、1ポンドくらいで厚さが2インチ（五センチ）のロースターで充分焼いたものをご馳走になった。ぱさぱさしていてやや硬い肉であったが、日本人の名誉のため平らげた。背の高いがっちりした体格の彼の長男は、1ポンド半くらいのものをぺろりと食ってしまった。日常的な肉の食べ方であろうか。

藤沢のイトーヨーカドー（スーパー）の地下に『GILBERTSON』というオーストラリアの肉屋が出店していたことがあった。

ここでは「Tボーンステーキ」や「Lボーンステーキ」等も売っていた。いずれもアメリカンサイズである。Tボーンステーキは骨の外側はサーロイン（肩ロース）で内側はテンダーロイン（フィレ）である。

子供達が食べ盛りの頃は時々購入したものである。最近でも百貨店等で見かけることもあるが薄っぺらなちゃちなものである。

沖縄では返還の際の経緯から高級な肉も無税で買える。那覇空港に戻る途中に寄って冷凍のフィレのブロックを買い、サラダ油を塗って解凍し厚く切ってステーキにする。

ヒューストンに子会社があり、ある時期そこの社長が日本から客が来るとステーキ屋に連れていきコーラと一緒に1ポンドのTボーンステーキを食べさせては驚かせ、食べ切れないと「まいったか！　アメリカ人には負けるだろう」と威張るのである、その社長は日本人で本社から派遣されていたのであるが。

新橋に「あらがわ」という店がある。鹿という字を三つ合わせた字と皮を組み合わせたものででき合いのフォントはない。炭火でロストルの上で丁寧に焼いてくれるステーキ屋である。接待でしか利用できないような店である。

日比谷であったと思うが、ステーキに開店以来からの番号がついていて、食べた証明をくれる。確かオランダでもアメリカにもあったように思う。

「シャリアピン・ステーキ」も「ペッパー・ステーキ」も良い。ステーキ屋ではない店ではメニューにあれば好んで食べる。

## ローストビーフ

「ローストビーフ」はイギリスでの定番であるが、アメリカではまた格別のものがある。

一九六三年（昭和三十八年）に、ナイヤガラの滝を見に行った時、前日にバッファロー・ヒルトンに宿泊して夕食にホテル内のレストラン（『アンガス牧場』という名前であったと思う）でローストビーフを注文した。注文すると二丁拳銃のウエートレスのおねぇちゃんがバンバンとぶっ放すという趣向である。出てきたローストビーフは赤みが残っていて実に滑らか（スムース）で軟らかく、それまでに食べた牛肉では最高と思えた。アメリカの肉は不味いとの先入観はその時に吹き飛んでしまった。

ロサンゼルス郊外のディズニーランド近くのホテルで開催された国際会議に出席した時のこと、昼食時に特別コーナーのローストビーフを勧められて列の後ろに並んだのであるが、ローストした温かいロースを切り分けてくれ、切り口からピンクの肉汁と脂が流れ落ちて、見た目も、食感、味ともに最高であった。

それからはローストビーフの虜になってしまった。ロサンゼルスかサンフランシスコだったか忘れたけれど、一人でぶらりと夕食に寄ってローストビーフを食べた店を大変気に入ってしまった。それが『ビクトリアステーション』というチェーン店であった。その後、日本にも進出して赤坂と横浜の馬車道に出店した。

横浜の店には、勤めの関係もありよく行った。古い列車の部分や、駅名の標示板、椅子は古い列車の木製ベンチ、照明はカンテラ風等、古い時代の列車を偲ばせる調度でしつらえてある。創業者がロンドンのビクトリア駅が大変気に入っての店のネーミングとなった由である。

主たるメニューはローストしたプライムリブである。肉はアメリカからの輸入で入口近くのシースルーの冷蔵庫に入れてある。肉の焼き加減は注文できる。私はミディアムかミディアム・レアを注文する。

日本でもローストビーフを売りにしたレストランがあるが、値段に比べてさほどのことはない。

ホテルのビュッフェ式のパーティーでも、結構良いローストビーフが出る。

家でローストビーフを作ったりしたが、肉屋にはもも肉のブロックしか売っていない。

**鉄板焼**

昭和三十年代の後半頃に赤坂に『みその』という「鉄板焼」の店があった。鉄板焼の嚆矢《こうい》と思うが、わからない。その後なくなってしまったが、六本木にある同名の店は風の便りでは違う店と聞いた。

今では鉄板焼の店も全国にあり職人も増えて、価格は安くはないが人気を得ているようだ。ロース肉を客の目の前で焼いて、食べやすく切り分け、数種のソース（たれ）をつけて賞味する。焼き方も指定できる。脂身をかりかりに焼いて脂の美味しさも楽しめる。

肉の前に海老や鮑を焼いてくれるところもある。付け合わせの野菜も焼いてくれる。最後はガーリック・ライスで締めるところが多い。料理人のパフォーマンスを楽しみながらの賞味である。

和洋折衷で箸でも食べられる。牛鍋に次ぐ日本の肉食文化の開化と思う。設備を含めて家庭ではできない味と料理である。

## ハンバーグ

牛肉料理で避けて通れないのは「ハンバーグ」である。

「ハンバーグ・ステーキ」はご承知のように牛肉の挽き肉に野菜、卵を混ぜて練り上げ、鉄板かフライパンで焼いたものであり、料理として出されるものである。

「ハンバーガー」はハンバーグ・ステーキを薄く焼いて、丸いパンを水平に二枚に切った間に野菜などと一緒に挟んだもので、手軽に食べられるファースト・フードとして人気があるものである。いずれも食べやすいこともあり、子供にも人気がある。

ハンバーグ・ステーキはドイツ西北部の国際港ハンブルグ（Hamburg）で常食されていたのがその由来とのことであるが、船員達から広まったのであろうか。

ドイツのレストランのメニューにはハンブルグ・ステーキはない。「ジャーマン・ステーキ」（German Steak）と表示されている。

一九六〇年だったと思うが、ある会議の後、当時商社の方で、後に、ある石油会社の副社長になられた方の蘊蓄《うんちく》を聞かされたことがある。当時はアメリカに渡航できる人は限られていたが、アメリカでのハンバーグ・ステーキは焼き立てを出されると肉の間からプチプチと脂がはじけているとのことで、これを再現するのに研究を重ねたという。結論はあらかじめベーコンを刻んで混ぜておくとよいという話であった。試みたことはない。

その後アメリカで、昼食にドラグ（薬屋、軽食喫茶も兼ねている）で食事をしようとしてカウンターに座ったところ、おやじがカウンターの中年婦人達と何やらゴタゴタしている様子。それとなく聞き耳を立てていると、おやじがハンバーグにコーンビーフを混ぜていないと主張し、実際に冷蔵庫から焼く前のものを取り出し半分に割って見せて、肉オンリーだと納得させようとしているところであった。

どうもアメリカでもハンバーグの品質をごまかすやつがいるらしいことがわかった。

O－157というベロ毒素を出す細菌がいる。日本でも中毒患者が出た。アメリカから流行ってきたとされる。この細菌は牛の腸に常在する大腸菌の一種だそうで、これが牛を解体する時に肉につくという。ハンバーグは肉をミンチにするので表面積が増えて繁殖しやすく、中毒の原因は火がよく通ってないハンバーグとされたようだ。

日本では気の毒にも「かいわれ」屋が最初の原因者となった。今でも時々中毒患者が出るが、汚染の原因がわからないケースが多い。一時下火になってから子供の患者が次々に出たことがあったが、新聞報道によれば生の肝臓の刺身を食べたことが原因ではないかと注目された。肝臓は腸の近くにある内臓である。大人は体力がある故か中毒患者は出ない。

関西での集団発生から考えると、内臓（ホルモン）をよく食べることと関係があるのかなとも思える。

日本人は外国人には味噌臭いとか魚臭いと言われるが、近頃の中・高生は女性を含めて獣臭い。ハンバーグを好んで食べる故かと思う。

## 牛肉アラカルト

ウィーンにも行ったことがある。ウィーンは「ウィンナ・シュニッツェル」である。要する仔牛のウィーン風カツレツである。ヨーロッパのたいがいのレストランではメニューにある。友人で、気取った奴だが、必ず親の敵みたいに注文するのがいた。

ハプスブルグ家の墓所があるシュテファン教会の前を上ったところのホテル（名前は忘れた）で日本のお客を接待した。最上階のレストランで、ワゴンにのせた四角の湯槽からボイルされた肉の固まりを引き上げて食えと言うので勧められるままに注文したが、その肉をスライスして、湯槽の煮汁でソースを作ってかけてくれる。

後で調べたら「ターフェルスピッツ」という料理で、軟らかく美味しかった。自分の家でもできそうである。もも肉だそうである。

ラーメンにのせる「チャーシュー」（焼豚）と称したたれで煮込んだ煮豚があるから、煮牛があってもよい。

ヨーロッパの気のきいたレストランでは、メニューにはビーフの前に仔牛「ヴィール」（Veal）の項目があり、よく勧められる。

「タルタル・ステーキ」というのがある。生牛肉のたたき（包丁でたたいてミンチ状にする、土佐作りとは違う）である。これに卵の黄身をのせて出てくる。黄身と牛肉をかき混ぜて塩胡椒で味つけをして食する。

コペンハーゲンで旅行ガイドに書いてあったので、とある立派なレストランでタルタル・ステーキを注文してみた。中年のウエイターがもったいをつけ、牛のももの中心部から取り出したもので厳選したものだと能書きを言う。やむを得ず、味はともかくとしてチップははずんだ。後に聞くところによれば、ヨーロッパでは、いまだに寄生虫のサナダ虫が心配されるとのこと。

現在ではO‐157もあるが狂牛病（ウシ海綿状脳症）が問題になっている折から避けた方がよい。

韓国料理にも同じようなものがあり「ユッケ」という。今は食べない。一時体重を減らすために炭水化物を取らず蛋白質のみのユッケをよく食べた。アメリカには炭水化物をまったく摂らない減量法があるそうだ。

スイスのチューリッヒに出張した際、商社の駐在員に誘われて山腹のレストランで昼食を取った。ビールのつまみとして出てきたのが乾燥肉をかんな屑のように削ったものであった。

ちょっと塩味がきいていたが、ビールのつまみとしては最高であった。後に調べてわかったことは、スイス・アルプスの高地での冷涼で乾燥した気候を利用して作られる「ビュントナーフライシェ」または「ヴィヤンド・セッシェ」と呼ばれている乾燥牛肉であった。現在では成形加工された牛肉で生産され輸出もされている。ヨーロッパではどこでも手に入る。

これを赤みの強い馬肉で作ってみた。詳細については拙著のデータ集「食品開発の事例集」を参照されたい。

ほんの一時期（一九六五年頃）、団地のスーパーにアメリカ製の乾燥肉の瓶詰が売っていたが、今では見当たらない。「ビーフジャーキー」とは異なるものである。

牛のすね肉を煮込んだ「ビーフシチュー」は、だいたい西欧のレストランのメニューには出てこない。もともとは家庭料理であったものであろう。「タンシチュー」も同じである。いずれも年寄り向きで好きな料理である。冒険しない時はこれに限る。

タンシチューはあらかじめ煮ておいたタン（舌）を客の注文に応じてソースで煮込んで出されるようで、タンは煮崩れがなく歯ごたえを保っているものが多い。悪くはない。

シチューを売りにしている店もあるが、本来はスチュー（Stew）で、とろ火で長時間煮込むことを指している。

海外では食べるものに特にアイデアがなければ、煮込み料理を注文する。メニューにスチュウド（Stewed）と頭にある料理を選ぶ。日本人向きであることは疑いなしである。

すね肉で作る「コーンビーフ」が好きだ。缶詰で売っている。上の方が細くなっている四角の缶詰で、下の方についている道具で巻き取って開ける。缶の表面に牛の絵がついている野崎のコンビーフ缶が有名である。馬のコンビーフもあるそうで、缶には馬の絵がついているらしい。

コンビーフを缶から出して五ミリくらいの厚さに切って、両面にとき卵をつけてフライパンで焼いたものが好きだ。何もない時はフォークでほぐして醤油をかけて熱いご飯にかけて食べる。肉の繊維と溶けた脂と醤油が渾然となり、ご飯を美味しくする。

トルコ料理に「ドネル・ケバブ」というのがある。直訳すれば回転焼き肉というべきであろう。牛肉を薄く切って心棒に重ねて刺す。六十〜七十センチの高さの肉を垂直に立てて回転させる。外側から焙り焼きする。赤外線ヒーターを使ったりもする。外側が焼けてくると表面を削り取って食べる。

ドイツにはトルコ人の移民が多い。ドネル・ケバブはドイツの都会でも、田舎でも、平たいパンに挟んでファーストフードとして食べられている。スウェーデンでも見かけた。羊肉でも作るそうだ。

## すし

「すし」（寿司、鮨）は子供から大人まで大変人気のある食べ物であり、ご馳走の部類である。来客があると食事に寿司でも取ろうかということになる。そばでは格好がつかない。

### にぎり寿司（鮨）

寿司といえば「にぎり寿司」である。東京を離れるとわざわざ江戸前と看板にことわっている寿司屋が多い。

大学に入りたての頃、勤めている女友達が寿司をおごってくれるというので初めて寿司屋ののれんをくぐった。

「鉄火巻」を食ったのだが、「わさび」がやたらきいて涙が出た。女友達は平気な様子であった。あんなにきいたのは後にも先にもその時だけであった。

女友達は美人であったし、ヌケヌケと言わせてもらえば、私も背が高くハンサムであったから、女にたかる軟派野郎ということで、若い職人に意地悪されたのではないかと言う奴がいた。

後年、懇意な寿司屋の親父に聞いてみたことがある。にぎりはそういかないが、巻物ではあり得るとのことであった。したがって中年になるまで女性と寿司屋には行かなかった。

銀座に著名な寿司屋があり、当初は先輩に連れられて行ったのだが、一九六五年ぐらいになるとクラブのホステスと同伴の会社員で、営業部長とか購買課長などというところであろうか、カウンターはそうしたカップルでいっぱいになるようになった。ホステスにせがまれることもあったが、気恥ずかしく思い足が遠のいた。

そのかわりに土産に折を届けさせて持って帰るようになった。子供達が成長すると折は八寸にもなった。午前様でも「すし」というと倅《せがれ》どもは飛び起きてきたものだ。ここの寿司は小振りでしっかり握ったものでネタも上等でつやが違った。

今では足が向くこともないが、あるホテルに出店があったので、懐かしくなり昼食を取ったのだが、ネタも腕も良くないものであった。帰り際に昔銀座の店によく行ったよと捨て台詞のつもりで言ったが、店の名は書かない。

ネタは定番のものから、ネタにできそうなものは何でも、国内のみならず世界中から供給されるようになった。ツナ缶のマヨネーズ和えの軍艦巻やアロエのにぎりもある。

ニューヨークでは「アボカド」のにぎりもある。

私はあまり感激しないたちであるが、初めてお目にかかったネタで感激したものがある。

今はもうないが、先輩に連れていかれた長崎の思案橋の小さな寿司屋で食べた「おどり」

（小さな車海老のにぎり）である。口の中でぴくぴく動く。だいぶ昔で養殖もののない時代である。空手チョップの力道山が生の海老で肝臓ジストマになった話を聞いて以降敬遠した。

これもだいぶ前であるが、青森の三沢で甘海老のように柔らかく、甘海老より大振りの生でも赤い色のねっとりした味の海老を食べた。これがぼたん海老であった。主として北海道で取れるもので、昨今では輸入品もあるようだ。

これも昔の話だが、生鮭のにぎりを新潟の長岡で食べた。当時は東京ではお目にかかったことのないネタであった。

岡山駅の近所で「ままかり」を握ったのを食したが、良い印象を持った。

最近では冷凍、冷蔵技術と流通の進歩でどこの寿司屋でもそこそこのネタを出せる時代になった。贅沢を言わなければ、どこの寿司屋でも結構である。

ニューヨークの寿司屋はマンハッタン島の先端のフィッシャーマンワーフで仕入れるそうで、生の鮪が手に入るとのこと。漁師はイタリア系だそうだ。

うに、いくらや数の子等は日本から輸入するとのことであった。

ニューヨークでは寿司を握るのに素手では駄目になったそうだ。日本人は清潔にするためには手を一生懸命に洗うことを考えるが、向こうの感覚では百パーセント確実に細菌をシャットアウトするにはバリアーが必要と考えたのだろう。

直接手が触れないと心がこもらないし、心が通じ合わないとする日本文化と物理的な清浄さを求める文化の差であろう。私は日本では素手で、ニューヨークでは手袋でよいと思う。問題が起きた時の現実的な対応を考えるとそうなる。


鮪の赤身は美しい。特に本鮪、めばち鮪が美しい。「鉄火丼」や「ずけ鮪丼」は赤の色彩がルビーかガーネットのように美しい。この色を残したまま燻製にできないかと思い作ってみた。魚介の「まぐろ」の項を参照願いたい。

鮪のとろで鉄火巻を作ってもらい、「とろ鉄火」と自称してクラブに持ち込みホステス達にふるまったりしたこともあったが、余計な散財をしたものだと思う。


一九六七年（昭和四十二年）には仕事のため倉敷市で家族とともに過ごしたのであるが、当時すでにいわゆる「回転寿司」の「くるくる寿司」があった。関東で流行り出したのはだいぶ後のことで、元祖ではないかと思うがはっきりしない。

やはり一九六七年に江川金鍾氏が仙台で「元禄寿司」を開いたことを氏の新聞の死亡告示欄で知った。

後にわかったことは、回転寿司の機械は東大阪市の白石義明という人が開発し、一九五八年（昭和三十三年）に第一号店を出店したという。その技術を公開したのが発端となり、今日の発展を招いたそうである。白石氏は二〇〇一年八月に八十七歳で死去されたが、国民栄誉賞を贈られてもよかったのではないかとも思う。

回転寿司は隆盛を極めている。価格が安いこともあるが、何といっても明朗会計にあると思う。それまでは勘定がすむまで価格がわからないので、一見《いちげん》では不安で入りにくく気安く行けないという感じがあった。寿司の大衆化には画期的なものであったと言える。

最近では出前専門の寿司屋もできて安く食べられるようになった。

回転寿司は単純に寿司を食べたい時には良い。注文に応じる回転寿司屋もある。家庭の人と見受けられるお客でも、回転寿司通の人がいて注文で食べる人もいる。

単価が安い分ネタも輸入品が多く、見た目でそれとわかる。「えんがわ」（縁側）と称するものもある。本来はひらめの縁側のはずで高価なものである。ひらめに似た北の海で取れる「おひょう」の縁側ではないかと思う。

シャリも機械で作るのだが、回転寿司は機械文明の粋であると思う。

単価は高くてもよいが、ネタを上等のものにした回転寿司屋がないかと思ったら、最近銀座にできたそうだ。まだ試していない。

倉敷の町からはずれたところに寿司屋があり、店の名前は忘れたが、寿司の階級があって下は幼稚園から上は大学院までありネタの大きさが違う。大学院になるとまぐろは一冊（さく）分くらいの大きさになる。たまに食う奴がいるらしかったが、奇をてらったものである。

友人に誘われて行ったが、その一回キリである。

「あなご」を一本握って出すところもあるが、同類かとも思う。

近所のチェーンの回転寿司屋は一時ネタを大きくしてウリにしたのだが、数多くの種類が食べられない。最近またサイズが戻ったが、良い傾向である。

私の寿司屋での食べ方はこうだ。混雑していない限り親父の前の席は常連客のために座らない。おとなしそうな脇板の前が良い。場所はネタ全体が見渡せるところが良く、見えない時はまず立ってネタを見て、または歩いて見て品定めをしておく。空いている時はカウンターの端には座らない。

まず「つまみ」に三種類ぐらいのものを切ってもらう。見つくろってもらう場合は少しでよいと言う。地方ではその土地で取れる珍しいネタも入れてもらう。

飲み物は最初はビールを飲む。喉を湿すのと食欲を誘導するためである。後は日本酒で地酒があればそれを飲む。なければ秋田か、灘のものでもよい。

冷やでと頼む。常温か室温とかと言って指定する。最近では一升瓶ごと冷蔵ストッカーに入れておく店が多い。一見でも店の奥から常温の開封前のものを出してきて口開けで飲ませてくれた店があった。感激したものだ。

あとは食欲とおなかの具合でにぎりをつまむ。にぎりは二カンが原則だから隣の友人（家族）とネタを交換し合うこともある。「玉」（ぎょく）をつまんだら最後に沢庵の古漬けの手巻きで締める。

以前は手巻きというと円筒型に巻いてもらったが、最近では円錐形である。手巻き寿司と呼ばれるものもある。円錐形の最後の尻尾のところはネタもなく、ご飯粒とぱりぱりした海苔を口に入れる。良いとは思わない。

食べるのは箸でつまむ。嫌がる店もあったようだが、またおしぼりとは別に手ふきを用意する店もある。客の手の潔不潔、浄不浄は客のコントロール下にあるわけだからと思って気にしない。味に変わりはない。

つまみは箸で食べるのだからその延長で箸代が余計にかかるわけでもない。

世間には、にぎり寿司の食べ方には三通りある。

一、ネタを下にし醤油（寿司屋では「ムラサキ」という）をつけて、ネタ側を舌の上にのせて食べる。
二、ネタを下にし醤油をつけて、ネタ側を上に「シャリ（ご飯）」側を舌の上にのせて食べる。
三、ネタを上にしてシャリに醤油をつけ、シャリ側を舌の上にのせて食べる。
私は一のネタ下醤油―ネタ舌上方式である。二は口に入れた時に味がしない。三は醤油がご飯に滲み込んでしょっぱい。一は刺身の食べ方である。

農大の先生がご飯を食べることはご飯とおかずを口中で混ぜ合わせ、すなわち口中調味を行うのが特徴であると言う。なるほどとうなずける説からすれば、どの方法でも良いと思われる。タレをつけたあなごや蛤、ずけ等はやはり舌上ネタがよい。「ニキリ」（煮切り）を刷毛で塗ったものも同様である。

ウニ等の軍艦巻きはネタを下にするわけにはいかないから、横にして海苔の部分に醤油をつける。

私は先輩から寿司はまずたこ、いか、まぐろの赤身等安価で、あまり味のきつくないものをちょっとつまんで舌と胃袋に助走期間を与え、トロなりウニなり高級なものに移るのが旨い食べ方で品が良いと教わり、今でも教えを守っている。若い人達は高級なものから先に食べたり、好きなものから食べるという。下作である。

お茶のことを「あがり」といい、勘定を「おあいそ」という。職人の符丁で客の使うせりふではない。

昼食に「ちらし」を食べることが多い。ネタの一部分を、ちょっとばかり飲むビールの肴にする。店によっては切れ端や残り物をネタに使うところがある。サンプルとあまりにも違うものだったり、やたらとたこの足の先っぽがあったり、多量の「でんぶ」がまぶしてあったりすると、二度と行かない。

小田原に相模湾でその日に揚がった地魚でちらしを出す店がある。小田原で乗り継ぎの場合に駆けつけてみるが売り切れの場合が多い。

寿司飯は古米を使うとのこと。「赤シャリ」や酢めしにするところがあるが親方の修業した店の伝統を継いでいるようだ。酢がよく回らないでむらがあることがあったが、こういう場合の品質管理はどうやるのであろうか。

寿司屋は時折、食中毒をおこして営業停止になる店がある。原因はだいたいが貝類が多く、中毒菌は腸炎ビブリオが多い。たまにぶどう状球菌による場合がある。特に夏は貝類は避けるのが賢明というものだ。手に怪我をしている職人がいれば要注意である。

勤め先の近所の寿司屋から昼食に出前を取って、会議中の全員が腸炎ビブリオ菌の中毒になったことがあった。ダイエットのため昼食抜きの太ったメンバーもかかり、全員から卑しいと冷やかされた。

その寿司屋はしばらくは営業停止となり、食中毒の保険がおりてサントリーのだるまを半ダース送ってきた。

同時に当時の副社長と秘書室の女性達も同じ寿司屋の出前で中毒にかかった。

全員で「腸炎ビブリオ・友の会」を作ろうと提案したが、誰ものってこなかった。ユーモアが理解できない連中だ。


好きな寿司屋を一軒だけ挙げろと言われれば、躊躇なく博多の『やま中』を挙げる。博多全日空ホテルの隣のビルの地下にある。地場の魚もあり、何と言っても大将の山中氏が良い。博多では老舗の『河庄』で修業したとのこと、体は大きいがにこやかで威圧感がない。従業員も精進潔斉して職場に望んだという感じで気持ちが良い。

## 押し鮨など

にぎり寿司は関東、関西は「押し鮨」である。「大阪寿司」ということもある。ご飯の上に具をのせて、専用の器具で押し込んで固め、切り分けて出す。具は生魚を酢で締めたもの以外は生のものはない。

いろいろな材料で作られるが、飯をぎっしりと押してあるのは、にぎりとは異なりおなかにずっしりとくる。

同様なものに富山の「ます寿司」や奈良の「柿の葉ずし」を挙げることができる。姫路の駅で売っている焼きあなごの押し鮨「あなご弁当」も好きであった。名古屋の近鉄の売店で松阪牛の押し鮨風の「松阪弁当」があったが秀逸であった。

鯖を塩と酢で締めて押し鮨にしたものは好物である。上等なものが良い。「鯖鮨」、「鯖棒寿司」、「バッテラ」（ポルトガル語のボートから由来している）、昆布を上にかけているものを「松前鮨」というが、脂ののった鯖の半身を生身が残った状態で、包み込むように巻き込んだものは最高である。

食べ頃を料理屋で竹の皮で包んで土産にしてくれるところもある。岡山の『鎧』や、倉敷の『七福』などで限定のものを作ってもらったが、以後あの味にはなかなかお目にかかれない。

駅弁で「あゆ」（鮎）や「にじます」（虹鱒）を姿のまま鮨にしたものがある。「姿寿司」というべきものである。

大船駅に「鯵の押しずし」弁当がある。一個ずつ押してあって切ったものではない。以前は小鯵一匹が一個ずつに押してあったが、最近は切り身になった。時折、駅で買って食べる。さらに四五〇円高いデラックス版が出たが使用材料が違うのであろうか。

小田原にも「小鯵押寿司」があるが、こちらは大船のものより酢がきいている。


家庭で作るもので「ばらずし」がある。酢飯に椎茸、酢蓮根、彩りに紅生姜、ピンクのデンプ、錦糸卵、グリンピースなどをのせる。子供の頃にはご馳走であった。

具を飯に混ぜたものは「五目寿司」ともいう。

岡山には「祭りすし」というのがある。「ままかり」の酢漬けや海老等がのったものが駅弁として売られている。長崎の「大村寿司」は押してあり押し鮨とばらずしの合いの子のようなもので、「箱寿司」の範疇に入るものである。


「海苔巻き」は、運動会や遠足のお弁当の定番で楽しいものであった。寿司屋では「巻物」という。家庭でいう海苔巻きは「太巻き」である。

まぐろ、白身、いか、たこ、あなご、卵焼き、椎茸、青味などを具に直径五〜六センチに巻いたものであるが、七センチぐらいのものにもお目にかかったことがある。これをウリにしている寿司屋もある。ネタの外側の飯は二列ぐらいで海苔を巻いてある。技術を誇示するのはよいが、食べる時にばらけてしまう。

地方に出かけると、この太巻きで東京の人を驚かせて喜ぶ店がある。驚きはしないが、あまり上品とは言いがたい。

「いなり寿司」（稲荷寿司）は、稲荷神社のお使いの狐が好むという油揚げを使っていることから「おいなりさん」と呼ばれることもある。

関西では大振りで混ぜご飯が詰めてあるが、関東では小振りで酢飯が詰めてある。いなり寿司の皮は「薄揚げ」で作るが、最近では大豆蛋白で作るそうだ。

寿司の原形として「なれずし」がある。「鮒ずし」は琵琶湖の鮒を塩漬けにして飯と一緒に三年くらい漬け込んで発酵させたものである。「チーズ」に似た強烈な匂いがする。ご馳走になったのは腹いっぱいに抱卵した鮒で作ったもので、美味しいものでそんなに強烈な臭いはしなかった。

最近は「くさや」も、そしてチーズも臭気が強くなくなってしまった。臭いを消す方向に向かっているようだが、迎合的商業主義であると思う。

# うなぎ・てんぷら

街を歩くと和食の店で「うなぎ・天婦羅」と書いた看板を見かける。「天婦羅・うなぎ」の場合もある。うなぎの「う」をうなぎの形に摸したものもある。

天婦羅は天麩羅とも書く。天婦良は当て字であろう。

私は「うなぎ・天婦羅」屋には入ったことはない。うなぎと一緒に天ぷらを食べるイメージがないからである。実際にはそのようなことはないのだが。

うなぎはうなぎ屋で天ぷらは天ぷら屋で、すなわち専門店で食べるということである。専門店は他の料理はないということではない。メインとウリがうなぎと天ぷらということである。

## うなぎ

日本では「うなぎ」(鰻)は「蒲焼き」である。たまには酒の肴にたれをつけない白焼きをざくに切ってわさび醤油で食べる。

蒲焼きは蒸しの工程を入れた関東風というか江戸風が主流となった。

だいぶ以前に三宮の『さんちか』地下街で蒸さない関西風の「まむし」を食した。それなりのものであったが、どちらかといえば江戸風の方が良い。

鰻の蒲焼きに関しては、まむしは全国から駆逐されたと思ってよい。

年に何回かは無性に鰻を食べたくなることがあるし、昼食にアイデアがない場合は鰻を食べることもよくある。夕食に鰻は稀である。

最近は全体にたれがサッパリ味になったように思う。ただ、あまりさっぱり味だと鰻の生臭さが感じられることがある。


仙台の事業所に私が出張で行くと、所長秘書が決まって昼食にうな重を取ってくれたのであるがユニークなものであった。鰻の蒲焼きがぎっちり詰まっていて、下のご飯が見えないのである。

普通のうな重は長方形の器に蒲焼きの鰻を半分にしたものが長手方向に並べてある。だいたいが鰻一本分が半分に切って平行に並べてある。松竹梅の梅は一本半ということはあるが。

この仙台のご飯が見えないうな重は器の短い方向に鰻を短く切って並べてある。そうしてご飯が見えないようになっている。ここの鰻は肉厚でふっくらとし、脂を落としてあるのかさっぱり味であった。

鰻の蒲焼きを一本別にとってご飯だけの重にご飯が見えないように自分で盛りつけて、子供達にご飯の見えない「うな重」を実演してみせたこともある。ご飯の見えないうな重は我が家では憧れである。

『ニユートーキョー』だったと思うが蒲焼きを二段にした、すなわち下からご飯、その上に鰻、さらにご飯をのせて最上部に鰻がのる、ミニせいろ風容器のうな重があったが子供達には人気のものであった。

九州の柳川に「せいろ蒸し」というのがある。せいろには蒸さない蒲焼きをご飯の上にのせて蒸したものである、蒲焼きは柔らかくなりたれが落ちてご飯にしみ込むという、古いが工夫されたものである。有名な店が博多駅ビルに出店していたが、もう撤退している。

新幹線停車駅の三島に『桜屋』という古い造りの鰻屋がある。ゴルフの前日か帰りに必ず寄る店であった。仕入れの鰻が売り切れると閉店するので、日によっては早目に閉店になる。仕方なく次善とされる別の鰻屋に行っても結構な鰻が出る。三島の小さな町にしては鰻屋が多い。

成田空港の仕事をしていた関係で正月には客先に年始の挨拶に行き、帰りに成田山参詣をすませ、成田駅に向かう坂道の中途に表で鰻を裂いている川魚屋に寄る。昼にかかるので同行してきた連中と二階に上がり、一杯やりながら「鯉の洗い」とうな重を食べる。年によっては味噌仕立ての「鯉こく」や鰻の「きも焼き」を追加することもある。もちろんのこと、その日は仕事は早じまいになる。

もとはといえば同行の会社の幹部社員がこの店で「きも焼き」や「兜焼き」を買って歩きながら食べているのを見て、「一部上場の会社の幹部社員が、ものを食いながら歩くとは何事か」と叱ったのが発端で店に寄ることにしたのである。たれのついた鰻の肝や頭の串焼きを腹が減ったといえ歩きながら食べるのは品がない。ソフトクリームとは違う。

昼飯にふらっと寄った鰻屋で時間がかかる店がある。客の注文で鰻を裂くのだと思う。待つ間に大瓶のビールを二本は消費し、一時間もかかるところがある。だいたいが老舗風である。食べてしまってから、この次は予約して来てくださいと親切（？）に言ってくれた店もあったが、最初に言ってくれるか表に貼り紙をしてくれればよいのにと思う。

そんな店は昼飯時には閉めておくべきで予約客だけにすればよいのだ。被害を受けたのは柳橋、日本橋、鶴見の各一軒である。

平塚の七夕祭を見て必ず寄る店がある。最近は十一時ぐらいに行かないといっぱいになる。

鰻は高級な料理であったが、最近では蒲焼きにしたものをスーパーで売っている。ふっくらと焼き上がって、電子レンジで温めても結構美味しい。料理としてではなくおかずとして食べるには十分である。

スーパーに並ぶ養殖の鰻は中国からの輸入が大部分だそうである。

かって中国を訪問した際、鶏と家鴨《あひる》の養殖場を訪問した時の話であるが、鶏と家鴨の糞を近接した淡水魚（種類は不明）の養殖場の餌にして効率化を図っているという説明を聞いたことがある。中国の養殖鰻の餌を心配しているが教えてほしい。

養鰻が盛んな浜松では「うなぎパイ」なるものを以前から売っている。かりっとして味も良いが味と風味には鰻との関連がはっきりしない。形であろうか。

新幹線の浜松の駅には「鰻の佃煮」を売っている。二軒が競っているようだが、どちらも結構である。必ず土産に買う。

オランダのアムステルダムの日系のオータニホテルでは「うな丼」を出している。あの辺りで取れるものだそうである。

オランダには「鰻の燻製」があるが、出されるものは皮がついていない。私にとっては最高に美味しいものの一つである。輸入もされていないし国産もないのは不思議である。スキポール空港で乗り換えて他のヨーロッパの都市に行く場合は必ず真空パックのものと「鮭の燻製」

のスライスを酒の肴に買い込むことにしている。

ヨーロッパの鰻は輸入しないのかと聞いたことがあったが、冷凍すると鰻がぐにゃぐにゃに曲がってしまうので駄目だとのことであった。最近は輸入されているものもあると聞いたが問題が解決されたのであろう。

スウェーデンのストックホルムでは朝早くに港で太い海鰻をおばさんが売っていた。皮を脱がせるように剝いでぶつ切りにして売っている。どのようにして食べるかと聞いたら、スープに入れると言う。スープで煮込んだ料理にするのであろう。食べたことはない。

最後に鰻の裂き方であるが、関東では背側から開くが関西では腹側からである。関東では腹切りに通じるので背側から切るとの説が一般である。

倉敷市で昼食に寄った行きつけの店の厨房で腹から裂くのを実見した。背から裂くのが合理的で効率も良いのではないかと思うが、文化の差であろう。

## てんぷら

「てんぷら」（天婦羅）は好きなものの一つである。関西風の衣がちゃらっと（ぱりっと）したものより、どちらかといえば衣がべたっと（しっとりと）した関東風が好きである。衣を冷やさないで揚げる等手間をかけないで作る家庭の天ぷらに近い。

したがって、つゆの黒い関東風の天丼や天重が好きである。関東でも一般的には関西風の店が多いが、戦前からやっているのは関東風が多いと思う。ただし、だんだんに関西風にシフトされつつあると思う。


天ぷらは種（材料）、衣、油、揚げ方、天つゆが一体となって味をかもしだすのである。客が選択できるのは材料だけである。種は季節によって変わるから季節のものであれば何でもよいが、あればどうしても入れてもらいたいものは、魚の「きす」と「茄子」である。

家で作る場合は茄子を輪切りにしたものを揚げる。少年時代の満洲での白い（表皮が薄緑）「巾着なすび」の輪切りの天ぷらが忘れられないからである。天ぷら屋では「小茄子」を縦に包丁を入れたものだがそれでも良い。

「かき揚げ」は「小柱」が入ってなくてはならない。


銀座に『天一』という店がある。カウンターでよく外国からの客を接待するのに使ったが、お値段も含めて立派な店である。外国語でしゃべりながらの接待は味わう余裕がないのが残念であった。

銀座の新橋寄りに『天国《てんくに》』という店がある、だいぶ前に建て替わって威容を誇っているが、若い頃テンゴクと呼んで恥をかいたことがある。

銀座には天ぷら屋ではないが『柊《ひいらぎ》』という串揚げ屋がある。京都の古い旅館『柊家』が出している店で、よく京都の三高出身の上司に連れていかれたものだ。ストップをかけないと止まらないエンドレスコースもある。

天ぷらを食べようと決心すると行きつけの店に行く。横浜の関内に『天吉《てんきち》』という知人の縁籍がやっている古い店がある。生け簀には相模湾の鯵が泳いでいるので、まず「鯵のたたき」を食べてから天ぷらにする。

ここはジャンボかき揚げをウリにしているが土産に良い。クラブのホステス達にはあまり人気はなかったが。

ゴルフの帰りには必ず根岸の『花由』に寄る。ここは関東風である。

カウンターと小上がりのテーブル二つの店で、大将は私と同い年で親父の代からやっている。数年前に美人の嫁さんを亡くし、嫁さんによく似た娘に職人の養子を貰い孫がいる。「孫」を歌いにカラオケに行くそうだ。

カウンターで親父と「近頃の若いもんは……」等と話しながら揚げてもらう。仕入れは親父がやっており、魚は冷蔵庫に入っているが野菜は見えるところにある。

揚げる前に鮪のトロや烏賊等を切ってくれるが、季節であまり変わらない肴で吟味したものを出す。ここの絶品は「あわびの煮貝」である。千葉辺りのものらしいが、いいものが入るとまとめ買いして煮ておく。親父の代からのノウハウで仕入れから料理まで貫いている。味も良いが歯ごたえが絶妙である。これを切ってもらう。煮た「うろ」（わた、内臓、尖っているので「ツノ」ともいう）を特別につけてもらう。これを食べれば天ぷらは付け足しに感じるぐらいだ。

ネタは吟味してあるから問題はない。野菜を含めて食べたいものを食う。

この店の油は「綿実油」（コットンシードオイル）を使う。最近では化学繊維が多くなり国内では綿を作ることはなくなった。輸入品と思う。

一般的には天ぷら油は植物油であれば何でも良いが、適当にブレンドして使うようだ。胡麻油は香ばしさを増すが、多いと衣が茶色っぽくなる。

大阪の堂島の天ぷら屋で健康に良いとされる「紅花油」を使って、さらに客一人ごとに油を替える店に連れていかれたことがあるが、客の目の前で見よがしに替えてみせる。健康のためとはいえあの捨てる油はいかにももったいない。場末のコロッケ屋にでも流すのであろうか。それとも石鹸屋であろうか。

戦後、「椰子油」（パームオイル）があったが臭いがなじめない。その頃から考えると今昔の感がある。

以前に「お座敷天ぷら」というのがあった。宴会で料理が進んで「揚げ物」になると天ぷら鍋が据えてある別室に全員案内される。そこで店長か板長が客の前で揚げたてを給する。てんぷらがすむと元の座敷に戻る。

最初は大森の料亭であったと思うが、その頃は流行ったものだ。今では天ぷら屋の二階の座敷等に名残の残骸を見ることができる。

大阪では関西財界人がちょくちょく利用する小じんまりした料亭があるが、ここでは今でも小さな座敷に最初から天ぷらセットが用意されていて、女将が揚げてくれる。話題は財界の古い著名人の消息話で、私等は小僧扱いであった。天ぷらセットと同じく古びた女将であった。

徳川家康は鯛の揚げ物を食べた後、死の床についたそうであるから、当時から油の旨味と高温の油による凝縮した種の旨味が喜ばれていたことがわかる。油で揚げる場合、百八十度くらいまで加熱することになる。材料の水分は急激に蒸発させることができる。これを衣で防ぎながら百度以上で加熱すると、煮る場合よりも蛋白質が凝縮して旨味を引き出すことができる。

食品の廃棄物を油により高温処理して水分を飛ばし、蛋白質を回収する技術が開発されたことがある。以降の実用化については知らない。

西欧では、卵の白身を衣にしたフリッターというのがある。スウェーデンのバルト海に面した地方の町に数日滞在したことがある。マリーナのクラブハウスのレストランで、何種類かの新鮮な魚のフリッターを毎夕食に天ぷら代わりに食べた。一皿に山盛りにして出てくるので量は充分であったし、かなり食べた。

## ふぐ

「ふぐ」（河豚）は日本料理のなかでも最高に位置する料理のひとつであろう。ふぐの水揚げと取り引きの多い関門（下関、門司）では福にかけて「ふく」と言う。

ふぐは「とらふぐ」が最高とされる。しかし、とらふぐは最も毒性が強いとされ、調理には免許が必要である。

充分血抜きをして洗った身を薄く切る。「ひく」という。包丁を引いて切るからであろう。薄く引いた身を古伊万里風か色鍋島風の皿に花びら状に皿の中央に向かって円周状に盛りつける。身を通して皿の柄がすけて見える。外側は厚めにややめくれ加減に切ったものを貼りつける感じで盛りつける。「菊盛」という。中央は花びらに盛り、皮をゆがいて細切りにしたものを盛りつける。

一流の職人が引いて、良い器に盛りつけたものはアートと言うしかない。小さな皿では美しさの効果が出ないのと職人の腕が発揮されないので、数人で会食することになる。

後はちり鍋にするので一人でということはない。引くのに時間がかかるから予約する必要がある。

小倉に出張すれば必ず立ち寄るカウンター割烹の店があったが、寒い時期には仕事が終わってもホテルには寄らずに、客が来ない早めの時間にふらっと寄ると、大将が「ふく引きましょか」と言う。一人分だとあまり時間はかからない。人がまだ来ない時間に行くことである。

北九州でも安く食べられるということはない。とらふぐの値段は東京で決まるからである。


一九六二年頃には倉敷市の水島コンビナートに大手化学会社が進出してきて、そちらの仕事をしていた。

大手化学会社の本拠地は北九州で、スタッフも北九州から転勤してきたのであるが、私が九州出身でもあった故かたたき上げの課長さんに可愛がられて、北九州の下請け業者なども数多く紹介してもらった。

その課長さんの子飼いというべき重量物運搬据え付けの鳶の親方を紹介してくれたのだが、中肉中背、なかなかの男前できりっとした顔つきで、物怖じしない男であった。

この男が、朝、小倉から急行列車に乗る前に料理屋に頼んでおいた引く前のふくを運んでくる。倉敷に着いたら大原美術館の堀を隔てて向かい側の『旅館倉敷』(蔵を改造した宿泊もできる割烹料亭)に持ち込んでおく。

夜はその課長を交えて一杯ということになる。当時はふぐが引ける料理人はそうはいなくて、普通の刺身と同じように切って出してくるが、これが硬くて食えない。厚切りのふぐは駄目だということになったが、それでも何回かは食った。冷蔵で持ってくることが難しかった時代である。

薄造りというのはいろいろある。たとえば「平目」である。「おこぜ」も薄造りになる。ただし、ふぐを薄く切るのは必然性がある。

ある時、日通の常務で広島支店長、この人は重量鳶の出身でたたき上げから常務まで昇進した人で、この人が広島のふぐも旨いからぜひ来いと言う。

ふぐは東シナ海から関門海峡を通って二手に分かれ瀬戸内海に入って広島に、一方の組は九州の大分辺りまで行くそうである。大分もふぐが有名なところである。

川縁《かわべ》りの立派な料亭に案内されてご馳走になったのであるが、感想を聞かれてもごもごしていると、支店長が「やっぱりふぐは北九州ばい」と宣う。私は内心ムッとして、それならなぜこんなところまで呼ぶんだと思ったのだが、実は彼は北九州の出身であって、私も合槌を打って大笑いしたことがある。広島のふぐが駄目だということではない。

大分ではふぐの肝を食べていたそうで、舌の先と唇がしびれるのが快感だとのことであった。

高名な歌舞伎俳優が欲ばって他人《ひと》の分まで食べて死んでしまったことがあり、法律で禁止されたので仲間で職人を連れて韓国の済州島に赴き、国外で食べる話を聞いたことがある。死んでもよいからふぐを食べたいという人達である。

関西では当たれば死ぬので「鉄砲」という。「ふぐちり」は「てっちり」という。

ふぐ中毒の対処法として、首まで土に埋めて頭にわらじをのせるとか、下肥をかけるなどが言われているが、テトロドトキシンは神経毒であるから、そんなことではきかない。

以前はなかったが、ふぐ刺しに薬味の細いねぎ（小ねぎ）を四～五センチくらいに切ったものがついてくる。これをふぐで巻いて食べる。仲居さんがわざわざ巻いて勧めてくれるが断る。というのも、ねぎを食っているのかふぐを食っているのかわからないからだ。ねぎはそんなに良い香りもないし、ふぐが味わえない。単なる増量のためとしか思えない。「かぼす」か「すだち」を切って彩りにのせてあることがある。これを気をきかせたつもりで絞って全体にかけるやつがいる。味が変わってしまうのがわからないやつとは同席したくない。

最近ではふぐも養殖ものが出回っている。養殖のふぐは毒がないとのことである。餌の関係で毒は体内で作られるらしい。狭い生け簀に置いておくと共食いするので歯をペンチで折っておくらしい。

安いふぐ料理はとらふぐ以外の種類ではないかと疑われるが、養殖ものであれば、庶民には充分である。

ふぐのあらを九州では唐揚げにしてくれるが、関東では焼いて出すところがある。焼いたのはちょっと冷えると生臭い。

厄介なのが白子を焼いたものである。とらふぐの白子は結構大きくて、輪切りにしたものを焼いて出される。粘着力が強くて上顎にくっつくと熱くてたまらない。火傷することもある。

次いでふぐちり、ふぐ雑炊と続くが言うことはない。ふぐ雑炊は最高である。

普通の家庭の人には最高のとらふぐを食べるのは憧れである。

家内の友人のお嬢さんが成人式のお祝いにふぐが食べたいと希望しているとのことであったので、横浜高島屋の地下にあった持ち帰りの店を教えてあげたが、その店は今はない。

今では通信販売でふぐを引いてプラスティックの大皿に盛ったものをクール宅急便で届けてくれる。前記の小倉の店に頼んだこともあったが、時間がたって乾燥ぎみだし、大皿がプラスティックでは寂しいので、一回きりにした。

家内が友人達のグループの食事会の幹事になったので、どこにしようかと言うので、銀座の『三原』のふぐ料理を紹介した。

三原は戦前からのふぐ屋で、焼け残った小さな古い構えの店だ。初代女将は八十を超えて、女将も六十代であった。

わざわざ昼の時間に開けてもらって、女将自らプロのやり方を説明教示してくれたそうだ。皆さんは感激ひとしおであったそうで家内も女を上げたようであったが、私のポケットからもだいぶ出て行ったことは言うまでもない。その店は相続問題のごたごたで閉店して、今は跡地に洒落たビルが建っている。

とらふぐではないが違うふぐの話を付け加えよう。九州の海に「はこふぐ」というのがいる。「うまずらはぎ」を横に広げて箱形にしたようなふぐである。

大学生の時に結核で佐世保の病院に入院していたのだが、同病室の五島列島の漁師がはこふぐを食べたいといって実家から持ってこさせ、内臓を取り去った後に味噌を詰めて病室の廊下で七輪の上で焼くのである。強烈な匂いのため婦長に大目玉を食ったのであるが、食に関する思いと何か執念みたいなものを感じたことであった。

## 豚肉

「豚肉」（ポーク）といえばすぐに想像できるのは「とんかつ」と「ハム・ソーセージ」である。

### とんかつと豚肉料理

「とんかつ」（豚カツ）の衣にはなかなかの工夫があるようだ。ひとつにはいかに肉の水分（肉汁）を逃がさずに高温で調理するかである。さらに衣の食感を追求することだと思う。

率直に言えば、私はとんかつが苦手である。それは、パン粉を使ってさくっと揚げた衣が口に入れるとざらざらチクチクするからである。口の中の粘膜を刺激して傷めるのではないかと心配なのである。

接待などでやむを得ずとんかつを食べる時は、ソースをたっぷりかける。

当然ながら、「カツ丼」はよいのである。表面が煮えてがさがさしないからである。

同じパン粉をつける揚げ物でも「コロッケ」は時間がたつと表面がしなやかになるので問題は軽微である。同じくカツサンドも問題がない。挟んだパンでトゲがなくなるからである。表面がしとやかな衣で包まれたとんかつがないかと思う。

とんかつはどちらかといえば「ヒレカツ」より「ロースカツ」が好きである。脂の旨味が好きだからである。

とんかつにつきものは千切り「キャベツ」である。豚肉をよく食べるドイツでは「ザウアークラフト」という少し酸っぱいキャベツの酢漬けの煮たものを付けるが、共通点を見つけることができる。

「黒豚」のとんかつをウリにする店がある。御徒町に並んで待つ店がある。カウンターの後ろにも待つ人のための椅子があるが、落ち着いて賞味できない。

白い豚でも血統に黒豚が混じっていると黒豚として売れるそうである。

西洋人、特にアメリカ人は日本の豚肉は魚臭いと言う。とんかつ屋に連れて行っても、そう言うのである。日本では養豚のための飼料にフィッシュミール（魚粉）を使うからである。

ポピュラーな豚肉料理を並べてみよう。

「豚肉の生姜焼き」はサラリーマンの昼食メニューの定番である。店によって肉の軟らかさが違う。

豚の「角煮」というのがある。沖縄では「ラフテー」という。どれも三枚肉を長時間煮込んで作るものである。ラフテーは味つけに特産の黒糖と泡盛を使う。長時間煮てバラ肉の脂を落とすのでヘルシーなのだと解説される。最近では角煮の真空パック詰めのものをスーパー等で売っている。温めて食べるが悪くはない。

沖縄では豚の耳をゆがいて細く切り酢味噌で食べる「ミミガー」というのがある。歯ごたえが良い。古い材料を使ったものは臭みがある。

「とんそく」（豚足）も加工したものを売っている。スライスしてミミガーみたいにして食べる。豚足の焼いたものもあるが脂っこい。

「豚汁」は寒い時には良い。よくイベント等で大きな鍋で豚汁を作って振る舞う光景が見られる。脂身が多い方が美味しい。

「ラーメン」には厚みや枚数は異なるが「チャーシュー」（焼き豚）のスライスが入っている。チャーシューが麺が見えないくらい多く入っていると「チャーシューめん」になる。

たいがいのラーメン屋のチャーシューは工夫を凝らして自家で作るが、大別すると二種類、ロースして作るのと、たれで煮て作るのがある。

ローストしたものが焼き豚であるはずである。一般には焼く過程で脂が落ちて水分が抜け、硬く歯ごたえがある。ハム屋の製品の焼き豚は硬いものが多い。

煮豚は軟らかく味がしみて脂が残り、脂の旨味がある。

店によっては自慢のチャーシューを単品で出すところがある、肴に良い。神田駅の近くのラーメン屋で韓国系の人の店であったが、脂身を巻き込んだ素晴らしい煮豚を出す店があって、老酒の肴にしたものだが残念ながらどこかへ移転してしまった。


ローストビーフの話はいろいろあるが「ローストポーク」の話は少ない。

アメリカ初代大統領もよく泊まった、ホワイトハウスにほど近いカールトンホテルに何回か宿泊したことがある。

ここでアメリカの友人達と昼食を取った時のことである、その時はビュッフェスタイルであったが、あまり食欲がなく軽いものですませようとしたら給仕頭が来てローストポークを食べろと言う。友人達も、ここのをぜひにと勧めるので気が進まないまま取ってきてもらった。ロースの部分であるが、これが軟らかくとても美味しい。日本では経験したことがないものであった。

後にアメリカの料理本を読んだところ、ローストする際に出た汁をかけながら、脂身を巻きつける、豚の生皮で覆う等の工夫で水分が抜けるのを防ぐことが記述されている。

子豚のローストは丸ごと皮つきで、まだ軟らかい子豚の肉はかえって肉が引き締まるとの記述がある。

日本のレストランでローストポークの美味しいところを教えてほしい。

## ハム、ソーセージ

「ハム」は何といっても「生ハム」である。加熱処理されないハムである。

生ハムの大将は、何といってもイタリアの「プロシュート」である。ちょっと塩気がきいているがメロンを巻いて食べる。いちじくでも良い。

ミラノからベネチアに行くハイウェイのパーキングエリアでプロシュートを大量に並べて販売する店があったが、その地方のメーカーによって特色のあるものを売っていたものと思う。

もちろん生ハムはヨーロッパ各地にある。ドイツではちょっと軟らかい「ラックス・シンケン」や「カーテン・シンケン」、オランダでは「ジャンボン」、スペインでは「ハモン」である。

この間までは検疫の関係で輸入ができなかったし、空港で見つかれば取り上げられた。

日本で多く作られているのはラックス・ハム(シンケン)である。浅漬けの生ハムといった感じである。

　私はヨーロッパの塩気のきいた、やや硬めの生ハムが好きである。酒の肴に最高であるからだ。

　日本では「ボンレス・ハム」の豪快なものがない。あっても薄切りのボンレスハムは何とも味気ない。

　日本のスーパーではロースハムでも薄切りパックが多く、ハムステーキにできるのは歳暮にもらった丸ごとハムしかない。

　稀にホテルのパーティー会場で骨付きのもものハムが出ることがある。切ってもらうが、薄切りのものは許し難い。

　アメリカでは超薄切りのハムを厚く重ねて挟んだサンドイッチがあるが、好きである。日本でも『サブウェイ』で食べられるが豪快なものではない。

　イランに駐在したことがあるが、ご承知のようにイランはモスレムの国であるから豚肉は食べない。したがってハムもない。

　イラン南部の原油の生産地では国営石油会社が西欧人の技術者を多数雇っており、その人達のために一種のコロニーを作っている。

フェンスのなかにスーパーがあって特別に豚肉も売っていた。仕事の関係で知り合ったアメリカ人の技術者がハムを作っているというので貰い受け、日本人のスタッフ達で喜んで食べた。

しかし後で考えてみると、年配のイラン人のコックがどんな思いで調理したのか、イラン人達が我々をどう思うのかと、考えると単純に喜べることではなかった。


ドイツに行けば豊富な種類の「ソーセージ」がある。ブルストという。豚の血で固めた「ブルートブルスト」や「レバーソーセージ」（レバーケーゼ）等もある。

デュッセルドルフのデパート、カウフハウスの食品売り場（世界中の食材を集めていることで有名）に行くと、あらゆるハム、ソーセージにお目にかかれる。

ドイツでも日本のドイツ料理屋（『ケテルス』や『ローマイヤ』）でもオードブルにはソーセージの盛り合わせを必ず頼んでビールを飲む。

小さい時に満洲で食べたソーセージの味というより、同じフレーバー（香り）のものを探し回っていろいろ試してみたが見つかっていない。家庭用冷蔵庫がない時代で、母がボイルしてから切って食べさせてくれたものである。

国内のデパートやスーパーではソーセージよりハムの方が多く陳列されている。なぜかソーセージの方が数は少ないし種類も少ない。

ハム・ソーセージ職人に言わせるとソーセージが作りたいのだそうだ。肉の配合、粒度、味つけ、香りつけ、成形等職人が腕が振るえるからだそうである。

御殿場には早くから手作りのハム・ソーセージを作っているところがあった。ゴルフの帰りに土産にしたものだ。

最近、家から車で十分のところに方角は違うが手作りハム・ソーセージの工場兼販売店が二軒できて、それぞれの味を競っている。函館の『カール・レイモン』にも負けないと思う。

家ではちょっとした軽食のパーティーには、パンと各種のハム・ソーセージを買ってきて、セルフで「オープンサンドイッチ」を作って食べることをやる。パンもいろいろと種類をそろえ、「スモークドサーモン」等を足したりする。ビール付きであることはもちろんである。

アメリカでは朝食にベーコン・エッグを頼むと「ベーコン」をカリカリに焼いたものが出てくる。日本の上等のホテルもだいたいがそうだ。

九州の一般家庭ではベーコンを焼かずにそのまま食べる。ハムと同じ食べ方である。ちょっと気持ちが悪いが出されたものを食べないわけにはいかない。関西も同じであろうか。

ドイツでは「アイスパイン」というのがある。豚の足の膝（ひざ）や脛（すね）の部分を塩味で煮込んだものである。筋肉が柔らかくなり、ぽろぽろと取れて食べやすく美味しいものである。特に膝の部分は筋肉が複雑に入り組んでおり特に美味しい。

デュッセルドルフのライン川沿いのアルトシュタット（旧市街）辺りの古いレストランで「アルトビール」を飲みながら、これを食べるとドイツを満喫できる。

一人だとボリュームがありすぎるので二人で分けて食べると良い。日本のドイツレストランでもメニューにある。

ドイツでは煮込んだものではなくて焼いたものもある。

『相模ハム』の試作品の真空パックのアイスパインを、ある展示会で手に入れて温めて食べたが秀逸であった。早く簡単に手に入るようにしてほしい。

# 馬肉・羊肉・獣肉

馬肉は「桜肉」とか「けとばし」とかいわれる。桜肉は肉の色から、けとばしは蹴飛ばし、すなわち馬が暴れて蹴ることからの由来である。「桜鍋」もある。

馬肉をウリにしている料理屋では桜の字を店の名前に取り入れているところもある。

青森県のむつ小川原での仕事に関係したことから三沢の『孫兵衛』という店で「馬刺し」をよく食べた。馬刺しを食うのは初めてではなかったが、その店に何回か通ううちに予告しておくと、見事なものを仕入れてくれるようになった。もっとも店の親父は牛みたいな顔であったが。

馬刺しや馬肉料理がよく食べられるのは、青森をはじめ軍用馬の産地であったところである。長野県しかり熊本県も馬刺しを名物にしている。

熊本ではたてがみの下のわずかな脂肪を食べた。東京でも出すところがある。「馬油」というのは馬の脂肪から精製したもので、常温では半固体で軟膏風である。火傷に良いとか夫婦和合に効果があると能書きに書いてある。

この油を局所に塗ると元気溌剌となるのかと聞いたら、単なる潤滑作用のようであった。この油は食用にしてもよいが、夜の部の効果は別のようだ。

南九州に行くと「馬肉の燻製」も売られている。

牛肉の項で紹介したが、スイスでアルプスの高地の冷涼な乾燥気候を利用して作られる牛の乾燥肉ビュントナー・フライシェを、馬肉の赤味を生かして作ってみようと試みた。

馬肉の燻製を出発原料として、冷蔵庫とシリカゲルを使って試作したが見事なものができた。

その後、生馬肉で作ってみたが、馬肉の燻製を中間原料として作った方が簡便に作ることができる。

拙著、データ集「食品開発の事例集」にノウハウを公開しているので、興味がある向きは参照願いたい。

この目的のために原料となる馬肉を探したが、意外にも良質のものはアメリカからの輸入であることがわかった。肉牛のように肉馬があるそうである。

もう一つあまり知られない話がある。「コンビーフ」という缶詰があるが、牛の脛肉等で作るもので、日本では野崎のコンビーフが著名である。緑の帯に牛の絵がついている矩形の錐形で下の方を巻き取って開ける缶である。創業者は海軍軍人で海軍に納めるために現役のままで作ったそうである。この野崎一族の人が言うには、馬からもコンビーフを作るそうで、缶には馬の絵がつけられているそうである。

子羊の肉「ラム」が高級レストランのメニューにのるようになって久しい。羊毛を生産する国は羊を食べる習慣がある。特にイギリスとイギリスを宗主国とする国であるオーストラリアやニュージーランドが際立っている。

羊を飼うのに好適な平原の国やモスレムのような豚を食べない国で、大型の牛を飼うには餌が乏しいところには、それなりの羊の料理がある。

中近東の串焼き「シシカバーブ」などがその代表的なものである。西欧でも「シシリック」としてメニューにのっていることがある。

成長した羊の肉を「マトン」といい、年を取るほど特有の臭みが出る。

戦後食糧事情が今ほどでない時期には、ソーセージなどの加工品に使うためマトンが大量に輸入された時代がある。ハム・ソーセージのメーカーが冷凍船を仕立てて大量に輸入した。カンガルーの肉も積み込んだそうである。

かつてイラン南部の砂漠の油田地帯の都市にいたことがある。当時機械製作工場を運営していた。

当時、イランは石油輸出で豊かになりつつあった時代である。一般の人たちの食事も豊かになり、羊肉（回教徒は羊肉を食べる）が不足し、オーストラリア、ニュージランドよりマトン（ラム肉ではない）が大量に輸入されていた。

現地人の作業員は専用の食堂で昼食を取っていたのであるが、我々日本人スタッフは現地生産の羊より臭いがきつくない方が高級で喜ばれると思い、食堂にマトンを供給したところ、これがまったく不評であった。

砂漠で細々と草を食んでいる痩せた羊肉（我々日本人には、とても臭くて食べられない）が良く、マトンは臭いというのである。

やはり、生まれてこの方、食べ慣れたものが良い。食べ物の嗜好は子供の頃からのものが良いのである。チーズ、納豆などがその好例であろうか。

羊肉といえば「ジンギスカン」料理である。名前は蒙古に由来するといわれている。

兜の鉢を伏せたような、鉄兜のようなといっても良い「ジンギスカン鍋」で焼いて食べる。この鍋は山が高いもの、山が低く平べったいものがあり、また、鍋に切れめのないものと、上下方向に細い切れめ（スリット）が入れてあるものがある。

炭火でもガス台にかぶせても使えるようになっていて、それぞれの工夫がある。普通には鍋の縁に野菜を並べて、鍋の表面で羊肉を焼く。脂は鍋の表面を流れて縁に滴り落ちる。匂いは脂とともに流れ落ちて食べやすく、かつヘルシーとされる。

北海道ではいろいろな場所でジンギスカンが食べられる。牧場の屋外で食べられるところもある。なかでも札幌のサッポロビール経営の『ビール園』が観光客に人気であり、観光名所にもなっている。他のビール会社でも直営のジンギスカン料理のレストランを出している。

少年時代、満洲で戦時中に羊肉の配給があったので、羊肉に違和感はない。

スーパーではラム肉をスライスしたものを冷凍か、解凍して売っている。牛肉よりはるかに安い。家では冷凍のものを冷凍庫に常備してある。

以前はジンギスカンもしたが、最近ではしゃぶしゃぶにする。厚切りのしゃぶしゃぶである。すなわち中華料理の「スワンヤンロー」である。他にも焼いたり炒めたりする。

骨付きのリブは焼いて食べる。これにオレンジソースをかけたものはイギリス料理の定番である。

「鹿肉」も食べた。北欧のラップ人が飼っている「となかい」（馴鹿、ラインディア）も食べた。となかいは気の毒にもソ連のチェルノブイリ原発事故で汚染され被害を受けた。

「熊肉」も食べた。北海道の登別温泉で飼育されている熊はさほどではないが、苫小牧で食べた野生のものは野趣を通り越した野生の臭いであった。大和煮風の缶詰もある。

「猪」は刺身、味噌仕立ての鍋（「ぼたん鍋」、「しし鍋」）を食べた。稀にではあるが。

フランス料理には獣肉を使うものも多い。一般的に獣類は、日本では鍋にして食べる。中華では蒸焼きにする。西欧ではスパイスをきかせて焼く料理が多いと思う。

# 鳥肉

## 鶏肉

「鶏肉」のことを「かしわ」ともいう。もとは肉鶏の種類をいったようだが、鶏肉一般を指す名称になった。

最近は安価に供給されるブロイラーに対して、付加価値の高い「地鶏」を銘打ったものがスーパーにも並んでいる。

秋田の「比内鶏」や名古屋の「名古屋コーチン」などが古くから著名であったが、最近ではいろいろなところで新しい地鶏が作られて味を競っている。

知人である鹿児島の串木野市の市会議員さんが、屋久島の地鶏を数年かかって増やし商売にしている。味はまあ良い。

鶏肉は「しゃも（軍鶏）」が良いとされている。日本橋の親子丼で有名な『玉ひで』は「東京しゃも」を使っているとのことである。

しゃもは雌が良いとされている。雄は肉が硬いとされ一代雑種の雄が良いとされる。

タイ南部、マレーシアとの国境近くを調査で歩いたことがあるが、庭先や道路でうろうろしている鶏はすべてしゃもであった。輸入してしゃも鍋屋でもやったらどうだと、軽口を叩いたことがあった。

東南アジアの鶏は美味しい。ジャカルタでもマニラでも美味しい鶏が食べられた。タイでもそうだが、あの辺りは鶏肉を食べるに限る。


川崎に鶏専門の料理屋があった。ささ身の刺身やたたき風からはじめいろいろな料理が楽しめた。特に「すなぎも（砂肝、胃袋）」の刺身の血の色としゃきしゃきした食感が好きなものであった。

川崎はまた「焼き鳥」屋の多いところである。焼き鳥屋はカウンターで肩がふれ合うように狭くて目の前でバンバン煙を上げて焼く店が良い。「備長炭」使用の看板を出している店が多い。

それなりに工夫がある店もあるが、威勢だけがよい店もある。

今はないが、川崎に『安兵衛』という店があった。ここの親父が時折私の顔を見て黙って新しいものを出す。私は試作品のモニター代わりであった。

今でもこの親父が元祖と思っているものがある。トマトに薄いベーコンを巻きつけて焼いたもの。最近では他でも見かけるが、トマトの大きさといいベーコンの薄さ具合といい比較にならない。もうひとつはアスパラをねぎの代わりに串に刺したものである。

最近では地鶏をウリにした家族連れでも行ける店も多い。


イランの南部に駐在した折、郊外に「ちゃぼ」くらいの放し飼いにされた鶏を一匹丸ごと開きにして炭火で焼いたものを出す店があった。頼むと首の部分もつけてくれた。

砂漠地帯なので夜涼しくなってから屋外で、デュークという酸っぱいヨーグルトを飲みながら食べる。当時はホメイニ革命の前であったからウォッカをライムジュースで割ったものを飲みながら二匹ぐらいは食べられた。思い出とともに懐かしい味である。


子供が小さい時にはクリスマスには「ローストチキン」(鶏の丸焼き)を食べたものだ。「七面鳥」はなかったし、あっても高価で家庭では食べ切れない大きさだった。また味は淡白で美味しいというほどでもなかった。

最近では子供も成人して、ローストチキンの代わりに「ケンタッキーフライドチキン」を昔の名残にして食べる。

ニューヨークで初めてこのフライドチキンをアメリカ人のOLに買ってきてもらって食べた時は、その味に驚いたものだった。その後日本でも食べられるようになった。

アメリカでは「ターキイ」（七面鳥）の超薄切りを分厚く重ねて挟んだサンドイッチがある、必ず注文する、日本でも『サブウェイ』にあるが豪快なものではない。

## 雉など

少年時代の満洲（現在の中国東北地方）で正月が近づくと現地の中国人が雉《きじ》を売りに来る。冬を越すためとうもろこしが胃にいっぱい詰まった雉だ。零下二十度の窓の外に吊して正月まで保存しておく。

雉といえば思い出がある。倉敷市に単身赴任した際のことである。

一九七九年の暮れに家内と中学生・小学生の男の子を赴任先の社宅代わりのマンションに、正月を過ごすために呼び寄せた。それを聞きつけた地元の取引先の人が欲しいものをというので、雉を所望した。

雉は山あいの谷の上に網を張って養殖されていたものである。

家内が雉が届いていると言うので見ると、段ボールの箱の中で「ごそごそ」と音がする。開けてみると生きた雉であった。てっきり肉になったものが来ると思っていたので、びっくりした。

仕方がないので、子供達を手伝わせてというより観察させて、首を絞めて毛抜きをし、マンションの庭で新聞紙を燃やして毛焼きをして、首を切って血抜きしてから、内臓を含めてきれいに料《りょう》った。

これを鍋にして一匹まるまる食べてしまった。伜どもは気味悪がるどころかぺろりと食べてしまった。

エジプトはカイロのナイル川の西岸、ピラミッドがある側には川沿いに「鳩」を食べさせる店が並んでいる。鳩の開きを炭火で焼いて出す。日除けの下で二匹くらいは食べる。

地元の人は一匹を二人でつつましく食べる。

我々がビールを飲みながら食べるのを見て、モスレムの人達は何と罰当たりな外国人と思ったかもしれない。

家の近くの駅では、構内や駅前の広場では家鳩か土鳩が群がって糞害を引き起こす。鳩は飛びながらでも糞を落とす。実害も被った。

あの鳩どもを焼き鳥にして売れないかと思う。原料の供給は充分である。平和の使いである鳩を殺すのは法律で禁じられているのだろうか。

小鳥を焼き鳥にして出す店があると聞く。「すずめ」（雀）や「つぐみ」はかすみ網で捕る。

かすみ網猟は禁じられているから密猟のものをこっそり出すことになる。

満洲では少年時代に雪が降り出すと兄達とかすみ網で雀を捕ったものだ、料理するには剃刀を使った。

九州の田舎では、ざるに紐の付いたつっかい棒を立てて、餌に釣られて雀が来たところで紐を引くと、ざるが被さるという仕かけで雀を捕ろうと試みたが成功したことはなかった。

イランに駐在していた時、日本人のスタッフが煉瓦で作った同じような仕かけで試み、面白いように雀がかかった。ペルシャの雀は痩せて頭の灰色が濃い。餌が乏しいのでかかったのかもしれない。もちろん焼き鳥にして食った。

「あいがも」（合鴨、鴨とあひるの合いの子）もスーパーの店頭に並ぶようになった。合鴨農法の普及の故であろうか。

一時期養殖の「ほろほろ鳥」をウリにした店があったが、最近見かけなくなった。どうしたのだろう。

北欧では「雷鳥」を食べた。

# 魚介

## 鯛とあら

「鯛」は魚の王様である。腐っても鯛というぐらいだ。

高校を卒業する前に長崎の造船所に勤める先輩を訪ねたことがあり、寮で出されたのが「あら」の刺身で、鯛よりも美味しいものだと聞かされた。鯛の刺身などめったに食べたこともなかったので、刺身はあらが最高で、すべてこれが評価基準となる。

あらはめったに取れない薄い褐色で七十センチくらいの白身の魚だ。大相撲の九州場所（十一月）には相撲取り達が争って食べるというものである。

最近では「活き作り」（生き作り、生け作り）と称して死後直ちに食べるのは、味より食感が問題で、間を置いて味を引き出す食べ方ではない。鯛の本当の味は少し置いて蛋白質の分解が始まってからの方が良いのではないかとも思う。

最近は鯛ちりは見かけなくなった。なぜだろう。兜煮、骨蒸しが良い。

家では正月には必ず一人ずつ小振りの鯛を丸ごと煮付けて縁起物として食べた。最近は大型のものを一匹蒸し煮にしてつっつきながら食べることにしている。

鯛も養殖が進み、気持ちが悪いぐらい脂がのっている。煮物、吸い物には良いであろう。

大学生の頃、長崎県・平戸出身の漁師の息子の同級生と水族館に行った時、飼ってある鯛が痩せていて可哀相だと言う。海で泳いでいるのに比べれば気の毒だと嘆いたのを覚えている。

広島県の音戸の瀬戸に鯛網を見に行ったことがある。あれは生け簀に飼ってあった鯛で、実際にはそんなに獲れないと囁かれた。要するに鯛網ショーである。鯛が気の毒というところであろうか。

瀬戸内では「鯛の浜焼き」というのがある。目の下一尺くらい（目の位置から尻尾までの寸法が約三十センチ）の鯛を藁苞で包み、塩田の濃縮用塩釜に漬けて加熱したものを編笠に包んだもので、贈答品や土産用に売られている。

身が締まってむしり難いが良い味のものである。電子レンジに入り切れないのが難点である。

宴会や会食の最後に茶漬けを出すところがある。海苔茶、鮭茶や「鯛茶」（鯛茶漬け）である。鯛茶は鯛の刺身をご飯にのせてわさびと薬味で味つけして煎茶をかける。酒の後にさらさらと流し込む。

愛媛県の宇和島には名物の「鯛茶漬け」がある。

大通りの立派な店が閉まっていたので地元の人が行くような店を探して入った。濃いめのつけ汁に卵の黄身を落としたなかに鯛の刺身を入れてかき混ぜて、それをご飯にのせて胡麻等の薬味をかける。お茶はかけない。鯛丼とでもいうべきであろうか。

同じ愛媛県の北条でやはり名物の「鯛飯」を食した。洗米の上に鯛を丸ごとのせ味つけして炊く。炊き上がったら鯛の身をほぐして骨等を取り除き、ご飯と混ぜる。混ぜるところは見なかったが椀につぎ分けたものを食べる。鯛は新鮮でないといけないそうだ。

鯛といえば、若狭の「小鯛の笹漬け」も好きなものの一つである。

**まぐろ**

日本では、「まぐろ」(鮪)の刺身需要が圧倒的に多い。「ほんまぐろ」(くろまぐろ)、「みなみまぐろ」(インドまぐろ)、「めばちまぐろ」(通常ばちまぐろという)が対象になる。家庭用にはばちまぐろが主体である。

冷凍で来るのが多い。世界中の五十%以上を日本人が食べる。資源の枯渇を心配する声が海外からあがっている。養殖も始まっている。

ちなみに欧米では缶詰(「シーチキン」)需要が多い。

寿司屋では脂分が多い「とろ」が喜ばれる。脂分の多い腹側の「大とろ」、赤身の外側が「中とろ」になる。

とろは寿司種としては最高のものである。一かん数千円につくのもある。そんなに高く取れないから寿司屋のステイタスを保持するために置くといったところであろうか。

寿司屋では、そのあたりの事情を考えて食べるべきであろう。

大とろを好んで食べるのは、何となく成金的で好きではない。

大とろは脂肪分が多いので傷みが早い。江戸時代には「ねぎま」（葱鮪）と称した大とろと葱とを醤油で煮たものが下賤の食い物とされた。今では嗜好の変化と流通技術の進歩で、大とろは食べ物としては最高級かつ最高価なものになった。

まぐろは店ではサクで売っている。解凍したものは時に水っぽいものがある。

冷凍まぐろの解凍方法を改良して食味を良くしたものを「本生まぐろ」として売っている。技術開発については評価するが、ネーミングがいかにもいじましい。

家ではまぐろの赤身はあまり食べない。他に安くて旨い魚があるからだ。

まぐろの赤身を使った「鉄火丼」、海苔で巻けば「鉄火巻」である。名前の由来は想像はつくが知らない。

まぐろの赤身を醤油だれに浸け込んで味をつけた「づけ」というのがある。これを丼にした「づけ丼」が好きだ。

このまぐろ赤身の宝石のルビーかガーネットのような色を残したままソフト燻製にできたら素晴らしいのではないかと考えた。実際に普通の方法で作ってみると身が褐色に変色してしまい、赤身の色とはまったくかけ離れたものになる。

まぐろの赤身の赤色はミオグロミンとヘモグロビンによるものである。これらは時間が経つと、また加熱すると酸化（メト化）されて褐色となってしまう。

調味液に醤油と酸化防止にビタミンCを加えたものを作り、しばらく浸け込んでおく。醤油は赤みを生かすためである。わずかな表面層の変色のために天然色素を添加してもよい。

調味液から引き上げたら、表面を拭いて酸化防止と燻煙の凝縮のためにビタミンEを含んだ植物油を塗り冷蔵庫で冷やす。その後、濃度の高い燻煙を比較的短時間かける。これはスコッチサーモンの燻製の製法と同じである。

この「まぐろ赤身のソフト燻製」の作り方については拙著のデータ集「食品開発の事例集」にノウハウを公開しているので参照願いたい。

まぐろの赤身のままのきれいなソフト燻製ができる。これはオードブルとして提供できるものになる。

サーモンピンク色の「ソフト・スモークドサーモン」や白身の「ソフト・スモークドハーディ」（鱈の燻製）との三色の取り合わせはさらに色彩を引き立たせるものになろう。

台湾でまぐろの赤身を一酸化炭素で処理して赤味を残したものが輸入されたことがあるが、現在の日本の食品衛生法では許されていない。一酸化炭素ガスで中毒死した人の頬に赤味がさしているのと同じことである。

## さけ

「さけ」（鮭）は「しゃけ」である。

昔は関東以北は鮭で、関西は「ぶり」（鰤）が相当していたと思う。ついでに東の「さんま」（秋刀魚）に対し西は「いわし」（鰯）である。

流通技術の発達で全国で鮭を食べることができる。ひと頃は「塩鮭」が流通の主体であった。「新巻」（鮭）が進物の主流であった時代もある。今でも塩鮭の切り身がついた鮭弁当、しゃけ弁がポピュラーである。

塩鮭といえば塩をまぶすのではなく低温の塩水に漬けたものが「低塩紅鮭」として一時贈答用を中心に売られていたが最近は見かけない。塩分に片寄りがなく、生でも食べられた。

鮭の人工孵化が方々で進み、相当南の川でも産卵期に遡上が見られる。鮭科の魚は種類が多いが、身の色が薄いカラフトマスも含んでいる。

鮭は秋になると産卵のために生まれた川に遡上してくる。遡上するにしたがい体に褐色の斑点が出てきて「ぶなざけ」になる。ぶなざけになると川の寄生虫が付くので生食は避ける。

産卵に近い鮭は抱卵しているので捕獲して孵化のため卵を取る。

卵は塩蔵されて「すじこ」（筋子）になる。その卵がばらばらになったものを「いくら」という。いくらはロシア語である。

いくらを取るための密猟があり、体の部分は捨てる悪い輩がいるそうだ。

いくらを醤油に漬けた「いくらの醤油漬け」というのがある。腹子を買ってきてほぐして卵をばらばらにして自家で作ってみた。「みりん」（味醂）を加えると卵の皮が固くなる。「めふん」というのがある。鮭の血合い（背わた）の塩辛である。永く漬け込んだものは黒くどろどろになってしまう。浅漬けだと生臭い。丁度良い加減がある。

苫小牧の行きつけの寿司屋で漬かり具合を聞いてから酒の肴にする。良い具合のものがあると親父が勧めてくれたものだ。

市場に出回っている鮭のほとんどは、ぶなざけになる前に沖合いで捕獲したものである。寄生虫の心配はない。「ぎんざけ」（銀鮭）は主として宮城県で養殖されたもので、ノルウェーやチリのフィヨルドの入口を網で塞いで養殖されたものも相当輸入されており、刺身などの生食用にも供されている。

ノルウェー産は「アトランティック・サーモン」で寿司にも使われており、脂がのって美味しい。身の色はサーモンピンクよりオレンジ色に近い。

鮭は雄が旨いとされる。生の雄鮭の内臓を取り出してラップに包んだ筋子を詰めたものを一本土産にもらったことがある。雄雌の美味しいとこの組み合わせである。


鮭は燻製が良い。スモークド・サーモンである。特に低温で作るソフト燻製が良い。

紅鮭のものは色が良いが、味は「スコッチサーモン」である。色はオレンジに近い色で柔らかくねっとりとしたものでとろけるような旨さである。スコットランドで食べるのが最高である。スコッチサーモンは短時間に濃厚な燻煙をかけるのに特徴がある。

スコットランドの田舎の館をホテルにしたようなところでは、釣り上げた鮭をスモークして送ってくれるサービスがある。

燻製がたやすく手に入らない頃には、甘塩の鮭をマリネにしたりしたものである。

スウェーデン産の生鮭のデイル風味漬けも良い。デイルはハーブである。その香りも好きなものである。

一九九〇年代中葉には鮭鱒の孵化、放流事業が進み、一方では輸入が増えて鮭あまりの状況となり、余剰の鮭鱒は肥料として中国にも輸出される有様であった。

各産地（水揚げ港）ではイベントを催したりして需要喚起に躍起であったし、用途開発も行われ、鮭の魚醤なども研究されたりした。中骨の缶詰も出現した。

このような状況下で鮭を粉末化して、その色と風味を生かした食品や食品添加物としての利用を広げられないかと考えて予備的な開発研究を行った。

魚肉の部分の乾燥粉末化は比較的容易だったが、鮭は硬骨魚のため骨を機械的な方法では微粉にするのは困難であった。これは骨を膨化処理することで解決することが可能になった。

詳細は拙著、データ集「食品開発の事例集」を参照願いたい。

## さば

だいぶ前だが、小田急線の途中の駅の近所に小田原の漁港に朝揚がった魚を売る店があった。揚がったばかりという「さば」（鯖）があったので、店の主人に生で食えるかと聞いたら、お客さん九州の人でしょうと言う。そうだと言うと蕁麻疹が出るかどうかはわからないが、新鮮だと言うから生で食べてみたがセーフであった。

九州では新鮮な鯖は生で食べる。刺身でも食うが胡麻醤油と和えて食べる。「ごまさば」といって、茶漬けにしてもよい。鯖の種類の「ごまさば」とは違う。

豊後水道の佐賀の関沖あたりで獲れる身が締まった「せきさば」（関鯖）の刺身は最高である。横浜の鶴見駅の近所に口は悪いが気っぷの良い女将がやってる店があったが、年に一回は予約を取って関鯖の刺身を食べさせてくれたものだ。

鯖の生き腐れといって鯖は鮮度が落ちるのが早く、古いものにあたると蕁麻疹が出る。新鮮なものは目が澄んでいる。

一説によれば、鯖は回游魚で九州近海にいる時には蕁麻疹のもと（アレルゲン）が体内にはないが、相模湾に近づくと蕁麻疹のもとが発生するというのだ。

鯖は秋が良い。脂がのって特に美味しい。秋鯖は嫁に食わすなと言うぐらいだ。

酢で締めた「しめさば」も良い。浅く締まったもの、肉の赤みがなるべく残ったものが良い。締めすぎると硬くて美味しくない。

鯖の押し鮨「バッテラ」、「鯖棒鮨」、「松前鮨」のことは寿司の項で書いた。焼いて食べる「塩鯖」も良いが、何といっても「鯖の味噌煮」だ。店によっては味噌だれに工夫がある。柚子風味も良い。鯖の味噌煮の缶詰もある。

鯖は世界中で獲れる。「鯖の缶詰」はどこでも売っている。MACKERELと表示されている。海外でこれを買って醤油をかけて食べると日本の味になる。

日本でもノルウェー産を輸入している。高級なものでしめさばなどに加工して売っている。国産と違うのは背中の模様がハッキリしている点である。

## いか

日本では「いか」(烏賊)は多量に消費されている。輸入もある。烏賊は生で、焼いて、煮て、干して、加工して、調理法は多岐にわたっている。

生ではいか刺し、寿司種にも良い。いかの胴を細切りにして卵の黄身で和えて食べるのは好物である。一匹分でも食べられる。

「いかそうめん」(烏賊素麺)は烏賊の胴を細切りにしたものである。素麺のようにして食べる。

函館の料亭でヤケに細いものが出たので、聞いてみたら、烏賊の身を二枚に下ろしてから細切りにするとのこと。職人の技によるものとのことであった。

青森県の八戸の『さめ八』(地名の鮫と八戸から来ている)という炉端焼きに行った時のこ

と。八戸港は烏賊の水揚げ量が多いことで知られている。烏賊素麺を頼んだところ、目の前のまな板で小柄の風采の上がらない板前が小さな出刃包丁をチッチッと小刻みに動かして烏賊を二枚に下ろしているではないか。思わず同行の社員にチップを出すように言ったものだ。以来、板前は顔付きが不細工なやつが良いと思うようになった。

烏賊素麺を書けば「いかの生き作り」を書かずばなるまい。

佐賀県の呼子の漁港の近くに『河太郎』という店がある。烏賊の生き作りがあるというので出かけて行った。烏賊の身はすりガラスで作ったような半透明で歯ごたえも良い。足（げそ）は食べてもよいが唐揚げか塩焼きにしてくれる。傑作料理の一つに挙げられる。

河太郎の博多の中洲の店でも生け簀の烏賊を生き作りにしてくれる。

河太郎が元祖ではないかと思うが、その後、他の店でも出すようになった。

河太郎ほど上品な店ではないが、博多駅の傍の店で生け簀の前のカウンターで、職人に雌の烏賊をすくえよなどと軽口を叩いて生き作りを頼んだりしたが、生け簀は奥に仕舞って気安い店ではなくなったのは残念だ。

烏賊の種類は季節によって変わるそうだが、年中美味しい。

呼子も烏賊の水揚げが多い。『萬坊』という料理屋があって「いか焼売」を売っている。焼売の外側に薄切りの烏賊をまぶした感じのものである。福岡空港で土産品としても売られている。特許を申請したそうだが、地元の店等から待ったがかかっているそうだ。

四月になると富山湾の「ほたるいか」(螢烏賊)が獲れ始める。生で食べても美味しいが、寄生虫が心配だそうでボイルしたものを食べることが多く、これも良い。

塩辛もあるし、いか墨で黒くした「黒作りの塩辛」もある。どれも酒の肴に格好のものである。

有明海にも螢光は発しないが、ほたるいかと同じようなサイズの烏賊を塩辛にした、「いかご漬」という黒作りもある。妹が自家製を送ってくれていたが、ご亭主の看病で止まっている。

烏賊の塩辛も種類があるが、烏賊の肝臓を混ぜた「赤作り」のものが主流である。売っているものは甘味料などで甘くしたもので好みではない。「白作り」などは地方のお土産屋でしか買えない。私は烏賊と塩だけの塩辛が良い。

「うに」をまぶしたり、「辛子めんたい」をまぶしたりした種々の珍味もあるが、ものによってはそんなに安くもない。味は単味の材料の品質による。

北海道には「いかの沖漬」というのがある。漁師が船に醤油樽を積み込み、釣った烏賊を放り込んで漬けたのが始まりという。今では調味醤油に漬け込んだものが市場に出ている。スーパーに出ていることもあるが、つまらないものもある。以前は北海道から寿司屋や料亭に卸しているものを送ってもらったこともあった。

数年前、青森の三沢空港で買ったものは、八戸辺りで作られたものと思うが、烏賊が大振りで厚肉で調味も良く素敵なものであった。北海道原産にこだわらなければこちらが良い。「ほたるいかの沖漬」というのもある。醤油漬けである。

烏賊を干したものは「するめ」である。ほとんどは「するめいか」で作る。九州では「けんさきいか」で作る「けんさきするめ」がかつては多かった。先がとんがって剣先のような形をしている。要するに頭のビラビラがない格好で、表面に白い粉がふいているものである。往時は胴長が三十～四十センチくらいのもので、最近では店頭にあるものは小型化して惨めなものである。

焙って裂いて食べる「あたりめ」は醤油か、最近ではマヨネーズをつけて食べる。

するめは「嚙めば嚙むほど味が出る」と比喩的に使われる場合がある。

するめはチーズと並んでセクシーな匂いとされ、女性によっては嫌う人がある。要注意。

烏賊の加工品は数多くある。新幹線の車内販売でつまみとして種々売られている。昔からあるのが「のしいか」で、ポピュラーなものは「さきいか」と「いかスモーク」である。いか徳利というのもある。

知人の友人がチーズをするめでサンドイッチした製品を発明したそうだが、どこでも見かける。財をなしたに違いない。

昭和三十年代、国内旅行が今日ほど一般的でない時代、北海道旅行は憧れであった。函館本線の森駅の「いかめし」を食べることが北海道旅行の証であった、食べた話を聞くと憧れが募るのであった。今では札幌まで飛行機で行くので函館本線に乗ることはない。デパートの全国駅弁大会でお目にかかるくらいだが、烏賊が少し大振りになったような気がする。

烏賊の本体にご飯の代わりに「すり身」を入れたものがある。「げそ」を詰め込んだものもある。輪切りにして供する。

「あんきも」(鮟鱇の肝)を烏賊に詰め込んだものを作ってみた。酢醤油などで食べればよい。拙著のデータ集「食品開発の事例集」に記載しているので興味がある向きは参照願いたい。

「いかすみ」（烏賊墨）というのがある。烏賊が外敵に襲われた時に吐き出して煙幕に使うものである。このいかすみは料理にも使われる。

たとえに「いか墨のスパゲッティー」を挙げることができる。食べた翌日の朝、用足しの後驚くことになる。妙齢の女性達がお好きなようだが、出したものに、気味が悪くなるようなことはないのであろうか。

尾籠な話で失礼。

## かに

「かに」（蟹）を食べる時は皆無口になる。

価格を考えないで、味、食べやすさを考えてポピュラーな蟹のランキングを付ければ、一に「毛がに」、二に「ずわいがに」、三に「たらばがに」と思う。「がざみ」はずーっと落ちる。蟹の種類は多い。「上海蟹」や特定の地方に獲れるものや、少数派は、ここでは割愛する。

蟹は食べるのが難しい。蟹専用に工夫された道具がある。片方がへらになっており、もう一方が二股の小さなフォークになって、蟹の肉をほじり出しやすい形になっている。

料理屋では蟹の足の一部をそいだり、切れ目を入れたりして食べやすくしてくれているし、料亭では給仕の仲居さんが蟹の身を取ってくれる。「かに酢」を付けて食べる。

蟹は胴が厚く重たいのが良い。腹の下部には「ふんどし」（褌）というのがある。幅が広いのは雌である。このふんどしをはずして殻と腹の間に道具を入れて殻をはずす。手でもはずせる。運がよければ「蟹みそ」がたっぷり詰まっている。雌の場合は「蟹子」が詰まっているかもしれない。

このふんどしのことを「かにの腰巻き」という向きもあるらしい。ふんどしが雄で腰巻きが雌だとよいと思うが。

率直に言うと、少々の苦労があっても、蟹は手でむしって口と歯も使いながらむしゃぶるのが良い。人前では品がないかもしれないので、気のおけない場所で食べるのが一番である。毛がにの爪のとげを口の中で避けながら噛み潰して身を食べるのは楽しい。

かに酢は必要ない。蟹の塩味で十分である。

北海道の苫小牧の客先に新年の挨拶に行くついでに行きつけの寿司屋に寄る。その年は横浜の『崎陽軒』の「しゅうまい」（焼売）を土産に持参した。

カウンターの隣の客が見ていて、それをくれと言う。何年も前に横須賀に住んでいたそうで、焼売が懐かしく、味わいたいと言うのである。寿司屋に因果を含めてその客にやった。客は感激してお返しに毛がにをくれると言う。

その客は内装工事屋で歳暮と正月の客のために、浜で茹でたものを暮れに多量に買って冷蔵庫に入れておくのだそうだ。毛がには三寸（九センチ）くらいのが一番美味しいと言う。

早速、家に電話して店の若い衆が迎えに行って、奥さんともども蟹が来た。奥さんは焼売の入った箱に頬ずりせんばかりであったが、何か余程の思い出があったのだろう。

おかげで、その年の長男の成人式の日は毛がにの食べ放題であった。


ずわいがには越前福井では「越前がに」、山陰では「松葉がに」である。日本海側で獲れる。

福井で仕事をした関係で越前がにを賞味する機会が結構あった。資源が細っているため水揚かにの仲間では最も価格が高い。

げが少なく高価なものである。一杯で一万円以上はする。

普通は大型の雄を食べるのであるが、雌は「せいこがに」といって甲羅の直径が雄の二分の一か三分の一である。料亭では腹子がはみ出すくらいのが出てくる。美味しいと言う人も多い。

仕事の打ち上げで、さる料亭で越前がにを食うことにしたのだが最初にせいこがにが二杯出てきた。一生懸命食べて、これだけでおなかいっぱいになってしまって、本番の雄が食べられなかった人もいた。

ずわいがにの足は食べやすい。関節から二センチくらいのところをポキンと折ると身が引き出せる。そのまま口に入れる。至福の至りである。

大阪の新地にかに専門の料理屋があり、ずわいがにの刺身というか生のものを食べることができた。ねっとりとした甘みのあるものであった。その店ではかに味噌の軍艦巻があり、夜食に包んでもらったものだ。

赤い色の「べにずわいがに」がある。ひと頃、盛り場でトラックに積んで安売りするのを見かけることがあった。

ある年に太平洋側の福島沖でずわいがにが大量に獲れる異変があった。福井の方に売りさばいたそうである。


たらばがには大きい足一本でも充分である。ロシアからの輸入もあり、生であれ茹でたものであれスーパーでも売られている。

昔は缶詰であった。北洋で水揚げされたものを母船で缶詰に加工する。プロレタリア作家小林多喜二の小説のあの蟹工船である。

戦後「かに缶」は高価なものになり、贈答品としてあるデパートのものが人気があった。最近ではロシアからの輸入缶にラベルを貼ったものになっている。保存する必要がある場合を除けば、かにには缶詰でなくてもよい時代になった。

魚のすり身を使って作るかに風味の「かに足もどき」がある。繊維が縦に裂けるように工夫してあって、サラダ等に使われる。

アメリカでもヘルシーな食べ物として歓迎されているようで、日本の会社が現地に製造工場を建てて対応している。

**あゆ**

淡水魚の貴婦人「あゆ」(鮎) について書こう。鮎といえば鵜飼いである。岐阜の長良川の鵜飼いを見に行ったのは三回である。厳密には鵜飼いショーである。

最初は一九六二年に技術提携先のアメリカの会社の技師夫妻を招待した時である。当時の長良川ホテルのオーナーで英語で説明ができる鵜匠の解説で、船の舳と舳が接触してしまいそうな位置で火の粉を浴びんばかりの鵜飼い操作を見た。迫力のあるものであった。

蛇足ながらその時の鵜匠はすでに他界されており、ホテルも都ホテルに買収されて、最近また都ホテルも手放したそうだ。

それから数年後、私を可愛がってくださった客先の副社長の友人である地元企業の社長に招待された。屋形船に私達三人と酌をしてくれる芸者が三人ついて、ゆったりと鮎料理と酒を賞味しながら鵜飼いを見る趣向だった。

一方では観光客が鈴なりの船から好奇の目がこちらを見ている。三十代の若造であったので面映ゆく、我々は少しはマルクス主義にかぶれた世代であるから、その不平等さにいささか忸怩《じくじ》たる思いがあった。

鮎の塩焼きは河原で焼き、客に煙をかけない心遣いで最高のもてなしであった。

最後は岐阜で宇宙関係の国際会議に出席した際に、市長が出席者を鵜飼いに招待してくれた。岐阜には宇宙関連の企業があり、岐阜市は宇宙関係で市の活性化を目論んでいたのである。鵜飼いの当日は市の職員が接待役で案内してくれたが、長良川の水量が少なく鮎を獲るところは残念ながら見ることはできなかった。

岡山の高梁川という川で鮎が獲れる。少し上流に行ったところに鮎専門の料理屋がある。生の鮎を一・五ミリくらいに輪切りにした「せごし」というのがある。切断された骨もついていて、それごと食べる。最近では寄生虫が心配とのことで奨励されないようだ。

鮎は塩焼きだ。背びれ、胸びれや尾びれに化粧塩をして焼いたものだ。

この店ではせごしと塩焼きは天然ものを使うが、煮物やその他の料理には養殖のものを使うと言っていた。

料亭では季節となると鮎の塩焼きを出すところが多い。たで酢で食す。

塩焼きは身が柔らかく、皮は焼かれて強靭になっているので食べにくい。

気のきいた仲居さんが、外側から箸で押して、揉みもみする感じで中骨と身を分離させて、尾鰭と繋がっている骨を折って尻尾を残し、中骨だけを頭の方から引き抜く。皮と身が姿のままそっくり残り、食べやすくなる。自分でやっても成功するのは稀である。

鮎は香魚といわれている。岩に付く藻が原因といわれ、胡瓜のような匂いといわれる。強い匂いではないが感じないわけではない。

兄が大分県の日田にいたことがある。鮎の「うるか」(鮎の塩辛)を土産に買ってきたが、ちょっと変わった匂いがしたことを思い出す。あれも鮎の匂いだったかと思う。

## 調味料

九州から就職のため東京へ出てきたのであるが、評判通り、うどんのつゆが真っ黒で「醤油」味であった。かつ塩気の多いものであった。

関西以西は薄味でつゆの色が薄い。関西以西の連中は東京の濃い醤油の色と味を馬鹿にする。洗練されていないという意味のようだ。

この傾向は中部地帯を走る構造線フォッサマグナで東西に分かれているようだ。

関西では「おでん」のことを「関東煮」(かんとうだき)といい、醤油の真っ黒なつゆで煮込む。しかし、昨今の関東ではむしろ薄いつゆである。古い関東のおでんが関西に伝わって、そのまま関東風のものとして残ったのではないかと思う。

関西では醤油も使うが「だし」で調味することを主体に料理が発達してきたのではないかと思う。

関東では江戸時代に人口増加とともに醤油の生産が伸び、だしを取る手間も省ける万能調味料として消費されたのではないかと考えられる。

江戸時代以降、西はだし文化、東は醤油文化といっても言い過ぎではないと思う。

戦後醤油文化に対し、関西料理を標榜する料理屋が関東に進出してきてほとんど席圏してしまった。昨今では関西料理と言わず京料理を標榜する店が多い。

東京では「ラーメン」の前身の「支那そば」は醤油色の醤油味であった。九州系の「トンコツスープ」はまさにだしで作ったスープである。

終戦後しばらくは、父の実家でも醤油を自家で造っていた。

このところ、家では「もろみ」の香りの高い小豆島の「丸金醤油」のものを取り寄せて使っている。小豆島も醤油の古い産地である。丸金醤油も代が替わったのであろうか。最近では「だし醤油」や「つゆのもと」等の製品も出るようになったが、古いものも残してほしいと思う。

関西以西では「刺身醤油」というのがある。濃度が高く、ねっとりとして甘い。刺身につけると真っ黒で気味が悪いくらいだ。

鹿児島の醤油は濃く甘い。製法は知らないが砂糖が入っているかと思うぐらいだ。九州出身の私もさすがに参って、キッコーマンを所望すると少し薄い色の、やはり甘い醤油が出てくる。キッコーマンを所望したはずだがと言うと、キッコーマンだと言い張る。どうも鹿児島ではキッコーマンというのは関東風の薄い醤油の一般名詞のようだ。

鹿児島では料理も甘い。琉球貿易で手に入れた砂糖を使うのがもてなしであり、ステータスであったとの説がある。
あるノンキャリ役人が天下って客先の重役になり、鹿児島人は味を知らない、舌を叩き直してやると息巻いていたが、弁《わきま》えのない人だと思ったことがある。

一九六三年に二十代で初めてアメリカに行った。1ドル三百六十円の時代である。先輩達に小瓶に醤油を持参して、何にでもちょっとかけるとたちまち日本人の口に合う味になるからと勧められた。魔法の調味料である。当時、アメリカでもキッコーマン醤油もあったし、中国系の「重慶《チョンキン》」印の重ったるい醤油も小瓶で買うことができた。
ヨーロッパ出張のついでに、休みの日にマドリードまで足を伸ばし、帰りにJALPACKの団体と一緒になったが、添乗員さんから私にも醤油をひと垂らしと、「かっぱえびせん」を頂戴したことがある。まさに日本の味である。

醤油に似たもので魚の塩漬けを発酵させて作る「魚醤」がある。秋田の「しょっつる」、タイの「ナンプラー」、ベトナムの「ニョクマム」などがそうで、東南アジアではよく作られるものである。現地で食べるものは醤油に比べて臭いが強く、魚で作ったものだとすぐわかる。臭いは魚の鮮度にもよるらしい。

テヘラン空港で東南アジア系の人が入国の税関検査場で魚醤を入れた瓶を割ってしまって、臭いをそこらじゅうにまき散らしたことがあったが、大騒ぎになって英語のわかる東洋人ということで税官吏に製法から説明してあげなければならなかったことがあった。

日本でも最近では市販の「つゆのもと」や「たれ」等に精製された魚醤が相当使われているようだ。なかには香りでそれとわかるものもある。

私はある時期砂糖が嫌いになったことがある。酢の物もそうだ。また、味噌汁を食べると吐いてしまう、味噌汁アレルギーというべき事態に陥ったこともある。

菓子も食べなかったが、料理の味つけに砂糖が入っていると敏感にわかるのである。そして砂糖が入っていると拒んでしまうのである。

父親は甘いものも好きであったし、妻の祖父は鍋島藩の武士であったが明治維新後、製餡業を営んだこともあり、妻の父はご飯に砂糖をかけて食べるほどであったから、妻は私のために調理に苦労したと思う。

終戦後、主食の代わりに砂糖が配給されたことがあるが、大量に食べると鼻の付け根の奥がジンジンしてくる。また、浪人時代に近所の菓子屋で砂糖の円盤上に豆を固めた「豆板」なるものを偏質的に食べた。その反動ではないかと思う。

酢の物が嫌いになった理由は、たぶん佐賀での体験からであろう。父の実家では「だいだい」（橙）を切り割って甕に入れ蓋を地表に残して土中に埋めておき、ある程度置いてから必要な量を取り出して酢として使うのであるが、この酢が饐《す》えた臭いがするのである。佐賀弁では「ねまり臭い」という。ご飯が時間が経つと饐えてくるのを「飯がねまる」という。酢特有の匂いでもある。酢はご飯が饐えて酸っぱくなることが連想されて嫌いになったのではないかと思う。

佐賀では発酵食品のことを「ねまりもの」ということがある。ねまりものの家は美人が多いという。すなわち、味噌屋、醤油屋、麹屋、それとこれらの小売店の娘は色白の美人が多いというのである。狭い範囲での私の経験では当たっていると思う。

この砂糖嫌いと、酢の物が嫌いなことは五十歳頃には治ってしまって、六十歳を過ぎた今は甘いもの、特に餡入りの菓子を好み、酢の物も食べるようになった。

高校時代には味噌汁を食べると吐き気がし、遂には食べた直後に戻してしまうのである。煙草を早い時期から隠れて吸っていたのだが、母にはバレて、味噌汁は煙草の害を防ぐから食べるように勧められていたが実行できなかった。家を出て生活するようになってから、努力を重ねて克服できた。いずれにしても変な話である。

甘味料としては砂糖、主として蔗糖、砂糖黍から取るのが一般である。黍のまま皮をはいで中身を嚙み砕いてしゃぶると青くさい甘い汁が出る。

少年の頃の満洲（中国東北地方）では背の高い直立した黍であったが、沖縄では必ずしも直立ではない。台風で倒伏して横になっても成長する品種だそうだ。

秋になると、沖縄では砂糖黍の穂が一斉に出る。美しく壮観である。内地からの観光客はすすきと思い込んで歓声を上げるが、すすきより白く密でさらに美しく輝く。

戦後甘味料としてサッカリンやズルチンが普及したが、その後、発ガン物質として使用されなくなった。また「ぶどう糖」もあった。

戦後の満洲時代には白い砂糖大根（ビーツ）を刻んで煮出し、薄い甘い液を作ったりしたのを覚えている。

砂糖を白く精製する前の「黒砂糖」は私の好きなもので、鼻の付け根がジンジンするほど食べたい。黒砂糖と「白砂糖」の中間に「赤砂糖」がある。戦後配給があると「ふくらし粉」（重炭酸ソーダ）を混ぜて、銅製の杓子のような製造器に入れ熱して溶かし「かるめ焼き」を作る。これは丸い茶色の軽石のような菓子で、作るには熟練を要すが、兄は巧者であった。かるめ焼きは今でも浅草あたりで売っている。

砂糖を結晶させると大きなものは「氷砂糖」になる。菓子としてしゃぶったものだ。結晶を小さくしたものが「ザラメ糖」であり、「白ザラメ」と「赤ザラメ」がある。イランでは砂漠に伸びる道のところどころに「チャイハネ」という茶店がある。ここではカップの底にザラメを入れて、濃く煮出した紅茶を注いでチビチビ飲む。「トルコ・コーヒー」と同じような飲み方である。

甘味料としては「甘茶」や砂糖楓から採った高価な「メイプル・シロップ」も試したし、不凍液に使う「エチレングリコール」も食べたことがある。最近では「ステビア」なるものも幅をきかせているようだ。

味噌アレルギーについては書いたが、味噌について特別な趣味はない。家での味噌汁は普通の「米味噌」である。だいたいが「信州味噌」である。九州では麦味噌であった。

名古屋近辺では「八丁味噌」が代表である。「味噌おでん」、「味噌煮込みうどん」、「味噌田楽」などがあり、味噌調味文化圏であろうか。

日本を東西に分けると東は米辛味噌、西は米甘口味噌だそうだ。中間の名古屋を中心とした中京地区（愛知、三重、岐阜）は八丁味噌に代表される大豆味噌である。

味噌造りの過程で遊離した液体を「たまり味噌」といい古いタイプの醤油で、たまり醤油として醤油のルーツとなったとのことであるが、現在の形の醤油としての発展はなかった。稲庭うどんや五島うどんのような手延べうどんが素麺にまで発展しなかったのに軌を一にしているように思える。文化史的な研究対象にはならないだろうか。

味噌がついた表現には良いものはない。「手前味噌」はまだよいが「味噌をつける」、「味噌っかす」、「味噌っ歯」ひどいのは「糞味噌」、「味噌も糞も一緒」である。確かに色といい、固さといいよく似ている。匂いもそこはかとなく共通するものもあるようだ。

漁師料理には味噌で味つけするものがほとんどである。千葉の「なめろう」(たたき)、「さんが」、捕れた魚をぶっ込む味噌味の鍋料理、鮭の「ちゃんちゃん焼き」(最近ではマヨネーズも使うようだ)等を挙げることができる。船上の料理には半固体の味噌が携帯に便利であったものと思われる。

満洲の少年時代に友人が「鯛味噌」という素晴らしい味の味噌が家にあると自慢げに言う。缶詰に入った甘い味噌で、ちょっと生臭い。友人には黙っていたが内心ではびっくりするほどのものではないと思った。「金山寺味噌」等となめ味噌の部類に入るものである。

昨今では「柚子味噌」や「酢味噌」もスーパーで売っている。

「鉄火味噌」というのもあるが、満洲では祖母が味噌と挽き肉とピーマンを大豆油で炒めたものをよく作ってくれたが好物であった。煎り大豆が入ったこともあった。

塩について書こう。

調味料としての塩についてはあまり関心がない。海水から取った自然塩がもてはやされているが、精製塩に海水成分（ミネラル）を添加したものもある。

少年時代に兄が「にがり」を取ると称して布の袋に塩を入れて吊しておくと、湿気を吸って下の受け皿に液体が落ちる。化学の実験にでも使ったのであろうか。

最近では海外の天然ブランド塩を料理に使いウリにしている向きもあるようだ。

塩には天日塩と岩塩がある。日本の塩はほとんど輸入である。メキシコの天日塩が多い。塩は食用は少なく、電気分解してソーダ工業の原料になる。また同時に発生する塩素は塩化ビニールなどの化学製品の原料になる。したがって石油化学コンビナートでは重要な原料である。

岩塩は地下の鉱床から掘り出される。大きな岩塩の結晶は不純物によりピンクや紫のきれいな色のものもある。また水で溶かしてブラインとして取り出す方法もある。

天日塩は塩田で作るのだが、輸入品に押されて日本の塩田はほぼ全滅した。

筆者はかつてイラン南部の石油化学コンビナートに関わったことがあるが、原料塩を作るためにイタリアの技術で塩田を作った。最初は海水を汲み上げて塩田で乾かし、徐々に塩田の底を塩で固めていく。汲み上げる海水はフィルターで濾過してあるのだが、海老の卵か幼虫が入り込んで塩田で成長する。思わぬ収穫が得られたそうだ。

海水はペルシャ湾（アラブ側はアラビア湾という）のものであったが、昔からペルシャ湾は塩分が高く海老の宝庫であった。海老が取れるところには石油があるといわれている。

ペルシャ湾は気温が高く蒸発量が多いこともあるが、流れ込む川から運び込まれる砂漠の塩分が主たる原因であると思う。

春になるとイラン南部の砂漠は山岳部の雪解け水で水浸しになる。水が乾燥してなくなると砂漠は一面真っ白な塩で覆われる。地中の塩分が浮き出してきたものである。

これらは適当に掻き集められて飼ってる羊になめさせるために使われる。

砂漠の土（砂ではない、土漠というべきである）は塩分を含んでいる。砂漠は乾燥していることもあるが、塩分があるため植物が育たない。灌漑を行っても塩分が下から上昇して来るため水をやっただけでは駄目で、砂漠の緑化には工夫が必要である。ある程度の深さに塩分を通さないアスファルト等の不透水バリアーを設ける必要がある。

砂漠の砂は塩分と同時に硫酸分をも含んでいるのでセメントは特別なものを使う。

サウジアラビアの砂漠では塩と石膏（硫酸カルシウム）が薔薇の花のように見事に結晶したものがお土産にされている。

味つけには「だし」も重要である。子供の頃には味噌汁のだしは「煮干し」、「いりこ」、「きびなご」で、だしを取った後もそのまま汁に入っており、体に良いからといってだしがらを食べさせられた。カルシウム補給であったろうか。だしがらは不味いもので、だしを取る前のものを噛む方がよっぽど旨かった。

少し大型の煮干しは、あらかじめわたの部分を取ったものだ。

九州では「あご」（飛び魚）をだしに使うこともある。博多では正月の雑煮のだしは必ずあごで取る。家でも正月には焼きあごのだしで祝う。

長崎県の五島列島では「五島うどん」のだしはあごである。土産としてあごのだしの素を売っている。

子供の頃には「鰹節削り」があったが、あまり使ったのを見たことがない。鰹節を削った「花鰹」もあったし「鯖節」を削ったものもあった。

満洲では大豆油が豊富にあり油炒め料理が多く、油の旨味で充分ではなかったかと思ったりする。

テレビの料理番組では大量に鰹節を入れてだしを取る光景が見られ、一番だし、二番だしなどと解説があるが、昔のことを考えるともったいない。「そばつゆ」等で鰹節の香り（匂い）が強いものがあるが、いかにも上等の鰹節をこれみよがしに使っているとの感じで、あまり愉快ではない。

料理人の世界では関東は「かつぶし」、関西は「昆布」といわれているそうだ。


昆布の消費は富山と沖縄が多いとのこと。富山ではだしを取ったら捨ててしまうが、沖縄では昆布そのものまで食べるそうだ。

昆布は北前船で中継基地に運ばれて、それから沖縄まで運ばれるので輸送費もかかり高価なものであったろう。大事に食べたことと思われる。

博多のうどん屋ではビールか酒を頼むと、突き出しにだしを取った後の昆布を二センチ角に切ってちょっと味をつけて鰹節をかけたものをちょっぴり出してくれる。何となく心遣いといった感じがする。


薬味も味を引き立てるものである。

薬味になる野菜、つま野菜、香辛料、ハーブ等は別の機会に書くことにするが、ひとつだけ取り上げる。

「七味唐辛子」または「七色唐辛子」は唐辛子の粉末に種々の香辛料を混入したものである。混合するのは山椒、胡麻、陳皮、麻の実、罌粟、菜種、生姜末、青のり等、メーカーによって種類と配合が異なる。

私は麻の実が苦手だ。固い殻が歯の隙間に挟まって厄介なのである。「一味唐辛子」に限る。

# 鍋料理

鍋料理は一家で、また友達同士で団欒しながら食べるには良いものである。

鍋にするものは何でもよい。何でも鍋にできるとも言える。汁または湯に材料をぶち込み味をつけて食べる。

昔は闇鍋と称して持ち寄った材料を知らせずに鍋に入れ食べたという。講談話に雪駄の皮を入れて物議をかもした話がある。

すき焼き、しゃぶしゃぶ、ふぐちりは別項に述べたのでここでは触れない。

祖母と四歳年長の異父兄とは別に暮らしていたのだが、私が小学二年の時に満洲に来て一緒に住むようになった。

祖母と兄は、時折、九州の田舎での食べ物について、懐かしみながら話をするのであった。そのなかで「ちり鍋」の話は、その素晴らしさに心揺さぶられるものがあった。

内地に引き揚げてから、その「ちり鍋」を食べる機会が来た。鰯をぶつ切りにしたちり鍋であった。味は良いのだが鰯は骨が多く、話と実際の落差にとまどったものである。

何でも鍋にできるわけだから、その種類も多い。また地方によって特徴のある鍋がある。ここではいろいろな意味での記憶にある鍋を紹介したい。

まず、博多の「みずだき」を紹介しよう。鶏の水炊きである。水炊きといってもガラで取った白濁したスープに、野菜とあらかじめ火を通した鶏を入れて煮て食べるのである。スープが煮立ったら、小さな椀に取り塩味をつけて小葱の薬味を散らしてスープを賞味する。次いで鶏肉を入れて食べる。ある程度鶏肉を食べたら野菜を入れて食べる。餅も入れる。最後にうどんを入れて食べる。

博多では『新三浦』である。ここは宴会が主であるが、天神町のビルの地下に椅子席の支店がある。ちょっとした会食に最適である。水炊きは好きな鍋の一つである。

東京にも新三浦の店があるが博多の店とは別経営とのこと。亡くなったご主人は早稲田大学ラグビー部の名監督であった方である。

素人が白濁のスープを再現しようと、米のとぎ汁を加えたりして研究したらしいが、私はそうではなくて、スープを取るためにぐらぐらと強く長時間煮込んで脂肪がコロイド状になって分散し白濁するものと思う。とんこつスープの取り方と同じである。

博多といえば、一時期大はやりに流行った「もつ鍋」がある。東京でも出す店がたくさんできた。博多駅の近くにある元祖もつ鍋屋に入ってみたが、もつが硬くて年寄りの食べ物ではない。石鍋ににらともつを入れて煮て食べるもつ鍋は、それ一回のみである。

青森の三沢市に『栄作』という割烹料理屋があり、仕事の関係でよく宴会をした。毎回違った料理を出してくれる店であったが、寒くなったある時「雪鍋」なるものを出してくれた。だし汁に大根おろしをたっぷり入れて雪に見立てたものである。他では「みぞれ鍋」と称しているものである。

関西では「魚すき」というのがある。海鮮物のすき焼きとの意味である。関東の「寄せ鍋」に相当するものと思えばよい。

私にとっては寄せ鍋は問題がある、店によっては最初からつゆと材料を盛り込んで火にかけるやり方がある。だいたい小粒の蛤が数個入っているのだが、煮立っても殻が開かないのがある。腐った肉の汁が溶け出しているのではないかと気持ちが悪い。忘年会が寄せ鍋の場合はいつもはらはらしていた。

大阪には『美々卯』という店の「うどんすき」がある。魚介類、野菜などの具とうどんを創業者夫妻が考案した底が丸い浅い鍋で煮て食べる。煮てもふやけないうどんが特徴である。

大阪の創業時から続く本店に案内されたことがある。戦後のままの店であり、お世辞にもきれいな店ではないがうどん屋としては何となく風格がある。ここでは「凍り酒」というのを出しており二代目に勧められた。飲み口が良く飲み過ぎた。冷酒が流行る前である。

新大阪駅の店はうどんだけである。

東京にも進出しており、横浜そごうにも高級店を集めたフロアに洒落た造りの店がある。うどんに高級感はいらない。特製の鍋も売っている。

大阪といえば「蟹すき」というのがある。道頓堀の蟹屋で美しい女性とその蟹すきを食したが、鍋の「ずわい蟹」の足が熱くて品よく食べられない。家族連れか野郎どもでむしゃぶり食べるのが向いていると思う。

北国といえば、秋田の「しょっつる鍋」と「きりたんぽ鍋」である。しょっつる鍋は魚醤の「しょっつる」を味つけに「はたはた」(鰰)と野菜の具を入れて煮る。鰰は腹子がプチプチと噛み心地が良い。一時資源が減少していたが最近ではだいぶ回復しているとのことである。

きりたんぽ鍋は秋田特産の地鶏である「比内鶏」と、うるち米で作った竹輪の格好をした「きりたんぽ」を入れた醤油味の鍋である。

しょっつる鍋もきりたんぽ鍋も美味しいものだが、何分しょっぱい。北国の味つけである。

鍋の代表に相撲取りが食べる「ちゃんこ」がある。引退した相撲取りがちゃんこ屋を開いたりする。魚や肉のすり身の団子「つみれ」を入れるのが特徴である。経済性も考えた力士の食べ物である。

北の富士が経営している店に行ったこともあるし、故人になったが手取りの関脇成山の浅草橋の小さな店に何回か行った。

鍋といえば冬には「あんこう鍋」が持て囃されるが、肉も皮も「あんきも」も鍋では好みではない。食感がどうもという人もいると思うが。

味噌を使った「牡蠣の土手鍋」というのも広島で食べた。別の牡蠣の味を示してくれる。

要するに鍋料理は許容する範囲が広い。一人用の土鍋やアルミの鍋も手に入れることができる。

# 中華料理

昔といっても二十年前くらいまでは、世界的に流布された理想の生活としてアメリカの家に住み、中華料理を食べ、日本人の妻を娶《めと》ることだと言われていた。日本人の妻は献身的で堪え忍ぶ、すなわち蝶々夫人のイメージであったろうと思う。アメリカの家と中華料理は今でもその通りだと思うが、日本女性はまったく変わり果ててしまった。

幼年期から少年期前半まで旧満洲、現在の中国東北地方の遼寧省鞍山市で過ごした。記憶では近所の人達と共同で出張中華料理（今でいうケータリングサービスである）を頼んで社宅の座敷で皆で食べたものだ。

中国の人達が馬車で二つ折の大きなテーブルを運んできて、もちろん中心に置く回転テーブルも一緒に座敷に据える。料理人達は庭に据えたかまどと台所のガスコンロを使って持参した材料で料理を作り、次から次へと料理を運んでくる。最後は鯉の唐揚げのあんかけになることを鮮明に覚えている。

何回か中国に行く機会があった。当然本場の中華料理に接する機会があった。

戦後の中国を最初に訪れたのは一九八四年十二月で、中国との技術交流団の一員としてであった。

　この時は中国の石油工業省の副大臣の招待で北京の『釣魚台』でご馳走になった。釣魚台は国賓級を接待する場所である。釣魚台に足を踏み入れることができたのは、会社では私が初めてであったが、この時は元通産次官が団長であったからである。

　料理は『北京飯店（ホテル）』の料理長以下が出張して作るとのことであった。

　料理を取り分けてくれるのはファッションモデルのような女性の接待員で、目も口も堪能させられたものだ。その時の菜単（メニュー）は探しても見当たらないが、味は淡白でフランス料理を感じさせるものであった。中華街で食べるものとは、材料は別として、違ったものであった。

　翌年には桂林を訪問した。桂林は桂花（金木犀）が多く、並木も金木犀が植えられており、十月には桂花の香りが満ち満ちているそうである。

　ここでは中国の第五石油会社の社長が歓待してくれた。前年に東京でお世話したこともあり、私のために特別の料理を用意したとのことであった。

　まず「龍虎鳳」というスープが出た。龍は蛇であり、鳳は鶏である。虎は猫だろうかと日中でいろいろ議論したが、どうも狸の一種のようだった。皆細かく切ってあり生前の姿は想像できなかったが美味しかった。狸は後に調べたところでは「果子狸」というジャコウネコの一種らしいことがわかった。

また、よくわからない獣の料理があったが、笹を食うことと毛色が茶であることから「レッサーパンダ」ではないかということで落ち着いた。もう一つは「穿山甲」（アルマジロ）であることがわかった。その後広州の市場で皮（鎧）を剥いで赤裸で売られているのを見かけた。中国ではテーブル以外の四つ足は何でも食べるということが理解できた。


その翌年、招待されて泰山の南の曲阜（チーフー）というところに行った。曲阜は孔子一族の本拠地であり、孔子と弟子達の墓があるところである。文化革命の傷跡が癒えて観光開発が始まったところであった。

ここで出されたものには仰天した。最初見た時には何やら黒い毛が生えているものであった。説明では生まれる前の「ひよこ」を殻から出して炒め煮にしたものであった。黒い毛が生えていたので黒い鶏のひよこであったのかと思う。嘴もついていた。

中華料理は奥が深いと言える。


先日、日曜日の朝に横浜の中華街を歩く機会があった。たくさんの若い人達が中華饅頭を食べながら歩いている。一種の風物詩である。中国の「ぶたまん」に比べると日本の中華まんはふわふわしていて断熱効果がある。手に持って歩きながら食べるのに適していると思う。

よく見ると、以前には気がつかなかったが店が全体にきれいになっている。昔よく行った小さな店も店構えが豪華になっており、町全体も広がりを見せている。

サンフランシスコのチャイナタウンほどの高層化は見られないが、狭い道での雑踏は類のないものだと思う。

数年前にロンドンに立ち寄った時、目抜きのピカデリーサーカスの東側に立派なチャイナタウンができあがっていたのを発見した。昔から小さな中華料理屋があったところが立派な門を作ったりして中華街としての存在感を示している。ここでは中華料理の材料も手に入るし、日本食の材料や野菜もあるそうで日本の駐在員の人達も買い出しに来るそうだ。

中華料理は世界中どこでも食べられる。かつ安い。日本からの旅行者には好都合である。ウエイター等は中国から来たばかりで外国語が話せない者も多い。中国人のバイタリティーを感じる。

横浜の中華街では、客が立て込んでくると味つけに砂糖を増やして料理の味を濃くするという話を聞いたことがある。理由は不明である。調理の時間を短縮するためであろうか。

一時、アメリカで中華料理は「味の素」を多量に使うので中毒症状が出るということが問題になったことがある。当時、中華料理屋の厨房では料理用のお玉杓子で味の素をすくって、どばっと入れるのを見ていた。

中華料理を食べた後、顔が火照ったりしたことがあるのはそのためかとも思った。

最近のインドネシアでの「味の素」の製造に豚由来の酵素を使ったとした問題の報道の中で、麺丼の中に多量の「味の素」を入れる映像があった。

中国人の中華料理屋で、料理人がよく替わる店がある。行きつけの店で健康のためにと「とりそば」を昼飯に必ず食べていたが、鶏以外の材料と味が時々変わった。板長の指導が行き届かないのか、料理人の技量に任せているのか、とにかくマニュアルのない世界である。

この店では、「焼きそば」に冷たいえびがトッピングのようにのせてあったことがあった。手抜きである。

ヨーロッパでは料理が冷えないようにホットプレートにのせて供される。

オランダ人は中華料理店は食べ切れないものをプラスティックの容器に入れてくれるので、持ち帰りができるから良いと言う。ダッチらしいと思うが、私もホテルに持ち帰って朝食にしたりする。世界中で持ち帰りができる。

オランダの中華料理屋のメニューにはインドネシア料理が含まれている。「サテ」（串焼き）

とか「ナシゴーレン」（炒飯）等であり、かっての宗主国の影響である。

アメリカでは広東料理（カントニーズ）が主流である。海鮮料理も多く、味もマイルドである。

シカゴのとある中華料理屋にぶらりと入って、日本ではポピュラーな海老と「グリンピース」（えんどう豆）の炒め物を注文した。メニューにないのでウエイターに説明したが理解してもらえない。奥から婆さんが出て来て、おまえの言う通りのものを作ってあげるというので期待して待っていたら、出て来たものは海老と「グリーンビーンズ」（莢いんげん）を切ったもので作ったものであった。悪くはなかったが。


中国のホテルでは朝食にお粥がある。お粥に数種の具を選んで混ぜて食べる。ほとんどの日本人客に人気がある。私は日本では粥は病人食だとして食べないが中国では別である。

北京は「北京ダック」（ベイジンカオヤー）である。顧客先の人と北京に同行した際、毎夕食に所望されたことがあるが、彼は一生分食べたと思う。

皮をとられたダックの肉はどうなるのであろうか。どう処分されているのだろうか。中国人に聞いてみた。素人の人達である。一人は捨てると言い、二人目は店の従業員の食事に使うと言う。三人目は別のところで料理に使われると言う。正解はどれだろう。余計な詮索とは思うが。

当時の会社の北京営業所長は北京の清華大学（日本の東京工業大学に相当）の卒業生であったが、彼の案内で昼食に北京飯店（北京ホテル）の有名な「麻婆豆腐」を食した。名物の焼き肉も試した。

一九八八年には北京駅の近所にマクドナルドが出店した。当時は外国人専用のカウンターがあったりした。スティック状のフライドポテトがなくてマッシュポテトのみだったり、たぶん中国のじゃがいもが規格通りでなかったのであろう。

中国では会議が長引いて昼食時間にかかっても、十二時になるときっぱりと会議を止めて全員食堂に行く。日本人はもうちょっとで終わるから昼休みに食い込んでも会議を続行しようと思うが許されない。理由は温かいものが食べられないからだという。中国人の温かい食事への執念が感じられる。

遠出の場合、サンドイッチもあったがパンもハムも良くない。冷食文化が発達しない土壌があるものと思う。

食事や宴会では酒が付き物であるが、これについては別に取り上げたい。

香港では飲茶料理というのがある。本来は茶を飲みながらつまむスナックという感じのものであるが、サラリーマンの昼食としては最適である。

オフィス街に近い飯店では昼時はいっぱいである。

せいろの「蒸し餃子」、「焼売」や小皿のちょっとした料理をワゴンにのせて運んでくる。何種類かを指さして取ってもらう。数品が並んで食事となる。いろいろな味を試すことができる。

料理の種類は多く、全部試みるとすれば数日の滞在が必要であろう。

香港の営業所にたまたまシンガポールの中国人の知己が訪問してくれて、二十年振りくらいに再会した。

息子の社長と後輩の会社の営業所長と四人で『北京楼』で会食することになった。北京楼は中央部分はテーブル席で壁際が個室になっている。個室といっても店の中央側は開放になっている。

この個室で中国人が料理を選んでくれるのだから、メニューを見ながら首をひねって料理を選ぶことはない。お任せである。

「子豚の丸焼き」から種々の山海の珍味を味わったのであるが、面白いものもあった。

「乞食鳥」という鶏の内臓部分に詰め物をして粘土で包み焼いたものである。いわれはあるのだが、主賓（私）が金槌で焼かれた粘土を叩き割ってから中身を切り分けて食べる。

金メッキ（黄銅メッキ）の金槌のミニチュアを記念にくれる。

我々のテーブルの前で我々のために麺打ちの実演がある。伸ばしては束ねてまた引き伸ばすと段々に麺が細くなる。台に打ちつけながら引き伸ばす。中央の椅子席の客が注目して見ているので面映ゆい感じであった。

シンガポールでも中華が主流である。ニュートン・サーカスには屋台の店が集中していて夜は大変賑わっている。生きたままでは青っぽい色をした大型の伊勢海老を日本人の観光客がよく注文する。大味ではあるが。

一軒の店で、入荷すれば果物の女王「マンゴスチン」が手に入ることがある。イギリス女王が好んだとされる。生のものはここで初めてお目にかかった。


台湾では特別のものの記憶はないが、故宮博物館の中で肉入りの饅頭を食べて美味であったことを覚えている。

中華料理は香りづけに「八角」（ウイキョウ）をよく使う。最近では中国からのコックが多いせいか、日本でもよく使われるようになった。

台北では特にこの匂いが街全体を覆っていたように思う。

中国でも生の「香菜」（シャンサイ、コリアンダー）がハーブとして使われる。汁物にも薬味として使われる。ちょっとばかり日本人には馴染めない香りである。

最後につまらない話を書こう。

還暦を過ぎて妹二人と、幼児から十三歳まで過ごした中国の東北地方（旧満洲）の鞍山市を訪問した。大連から特急列車で行ったのであるが、車中では通訳はなく我々だけであった。

食堂車で食事の後、妹が薬を服用するのに白湯が欲しいと言うので、給仕に湯（タン）が欲しいと言うのだが通じない。タンだタンと言うと心得顔をして引っ込んだのだが、出てきたのは卵スープであった。仕方がないのでそれで薬を服用した。

後で考えてみるとタンだタンと言うので蛋（卵、タン）の湯（タン）、すなわち蛋湯（タンタン）＝卵スープになったものと思う。今でも笑い話になる。

テーブルの上にお湯が入っている魔法瓶がなかったからである。中国ではホテルの部屋にも中国製の大きな魔法瓶が置いてあってお湯が常備されているのである。

中華料理の材料で好きなものは「あわび」と「なまこ」である。料理法は問わない。

## 韓国料理

韓国料理と朝鮮料理はどう違うかはわからない。韓国にしか旅したことがないので韓国料理とする。

韓国料理のイメージは「焼肉」と「キムチ」である。

焼肉はすっかり定着し、安い食べ放題の店から王朝風のしつらえの店まである。

大阪には料亭風の名実ともにびっくりするような店がある。ここの「カルビ」は最高である。

家の近所にもいい店があるが、開店当時はオーナーも一生懸命働いていたが軌道に乗ると客席で食事をとるようになった。それ以外は良い。働き者の嫁さんも美人だし、韓国系の高校生のアルバイトも清潔感がある。

川崎にも良い店がある。上野のコリアンタウンにもたまに行く。

上野には名物のおばさんがキムチを売る韓国食材の店がある。麻布の韓国大使館の近所にある食材屋は高級といえよう。

焼肉を食べるには一人では具合が悪い。二人以上四人くらいまでがコンロを囲むのに良い。

最近の焼肉屋は煙の処理が良くなって、毛髪に煙がこもるのが少なくなった。

焼肉屋の評価基準として、厚くて色合いがよい「ミノ」（第一胃）を出すのが良い店だそうである。大振りに切ってあるのは歯ごたえがよすぎて年寄りにはしんどい。

最近では「タン塩」（舌塩）が人気のようである、タンの薄切りに塩を振ったものを焼いて食べる。消費が増えれば供給は輸入を加えることになる。

焼肉は別として、最後に食べるものは「カルビクッパ」である。カルビ（あばら肉、バラ肉）の煮込んだものを具にした汁かけ飯である。

ご飯にいろいろな具をのせた「ピビンバ」というのがある。テレビで盛んに、ご飯と具を匙でよくこね回して混ぜて食べることを推奨している。今に始まったことではないが。

日本の食事の特徴は、ご飯とおかずを口の中で混ぜ合わせる「口中調味」にあるとの説があり、ピビンバの食べ方はさしずめ「口外調味」と言うべきであろうか。

焼肉は韓国の肉食文化が戦後を機に日本に定着したと考えられる。

戦後の経済の疲弊期に関西から内臓を食べる文化もまた広がったといえる。「ホルモン」である。焼き鳥のまがい物を「ホルモン焼」として風靡した。内臓は食べると精がつくとして性ホルモンから連想されてホルモンなる名称がつけられたものと思われる。

仕事の関係で韓国に行ったこともある。先方の案内役は日本の大学を出た人で大衆的な路地奥の店などにも連れていってもらった。

あばら骨付きの肉を薄く切り開いたものを焼いて食べやすく鋏で切ってくれる「プルゴギ」も賞味した。ちしゃの葉でくるんで食べる。ちしゃの葉が洗い立てで水で濡れていると気持ちが悪い。

ソウルの立派な店で「サンゲタン」（蔘鶏湯）というのを食べた。鶏の内臓を取り出した腹腔に「にんじん」（蔘、薬用人参）と詰め物を入れて丸ごと水炊きにする。切り分けて食べるがにんじんの匂いが強い。特有の青くさい匂いがする。もちろん体に良い。予約せねばならないとのことであった。

ちょっとした小金持ちというか、中小企業の社長といった感じの人に体臭がにんじん臭い人が結構いる。健康のためににんじんを常に食べているのであろう。一種のステイタスになっているようだ。

韓国では薬味の「とうがらし」（唐辛子）を料理が真っ赤になるほどかける。韓国の唐辛子は日本のものより辛みが少なく、むしろ甘みが強い。

唐辛子は日本から韓国に入ったとのこと。すなわち南ルートである。栽培したものは韓国の風土により辛みが少なくなったといわれる。

ソウルの『ロッテホテル』でいわゆる宮廷料理を食したが、味つけは濃くなく洗練されたものであった。北京の釣魚台でもそうであるが、高級になるほど同じような傾向になるものと思われる。

韓国では和食のことを「日式」といい、専門の店もある。のり巻きも食べられる。

日本酒のことを「セゾン」（正宗）という。日本酒には○○正宗というブランドが多いので、正宗が日本酒の一般名詞となったらしい。日本の統治時代の名残である。

アメリカでもヨーロッパでも韓国料理のレストランはある。だが、焼肉は炭火やガスコンロで焼く方式のものはない。日本の家庭用鉄板焼風である。ジンギスカン鍋のようなもので焼く場合もある。

肉からじゅうじゅうと脂が落ちて焦げる匂いは、換気扇からばらまかれて死体を焼くような臭いとして苦情が出るそうである。

海外の韓国料理店は韓国料理、中華料理と和食の三種類の料理が食べられるとして重宝だという人もいる。

エジプトはカイロの韓国料理店に行ったこともある。

# 洋食

洋食は欧米由来の料理である。西洋料理と呼ばれることもある。

洋食というべきものを食べたのは中学の頃に兄に連れられてデパートの食堂で「オムライス」に出合ったのが初めてである。

「カレーライス」も洋食とするなら、幼少の頃から食べた「ライスカレー」が初めとなる。カレーライスとライスカレーとどう違うかについて、真面目に議論されたこともあったようだが、最近では誰もライスカレーとは言わない。

昔家庭でカレー粉を入れて作ったものがライスカレーで、できあいの「カレールー」を入れて作るものと店で食べるのがカレーライスと勝手に思っている。

最近では、カレー専門の店は、大通りから入ったコーヒーも出す小さな店という感じになったが、店の主人がソース作りに凝りに凝って作るというイメージである。

いつの頃か、カレーに注文すれば生卵がつくようになった。猫舌の私には冷却効果があるし、激辛カレーの場合は刺激を和らげてくれる。

家人がいない時には「レトルトカレー」を食べることがある。お湯を沸かして熱い状態で封を切るのは難しい。よく失敗して熱いカレーで手を汚す。ご飯に冷たいレトルトカレーをかけてチンしなさいと言われるが、熱いご飯とかき混ぜて程よい温かさにして食べるのが簡便で良い。

倅どもと最高級カレーを作ろうとして、百グラム千円以上もする松阪牛のロース肉でセオリー通りに作ったが、大したことはなかった。コストに見合った味はなしであった。

カレー粉は重宝なものである。貧乏学生の頃、学食で「素うどん」（かけうどん）にちょっと入れるとたちまち美味しいカレー風味のうどんになる。魔法の調味料であった。

オムライスも好きだが「オムレツ」も好きだ。

オムレツ専門のフライパンを開発しようと思って試作用のフライパンも買って仕舞ってある。楕円形の窪みをつけたフライパンの設計も終わっている。

オムレツの研究のためシャンソン歌手の石井好子さんの著書『東京の空の下オムレツのにおいは流れる』も買い込んだし、石井さんがオーナーのオムレツレストランにも出かけてみた。

帝国ホテル料理長の村上信夫氏の本も買い込んで、オムレツの研究開始の時機を待っている状態である。いつ始めるかは明言できない。

「プレーンオムレツ」も良いが具入りも良い。肉そぼろに刻み玉ねぎ入りが好きだ。家庭で作る具を包み込んだものも良い。韓国料理風の「にら」を入れた平らな「チジミ」風のものも良い。卵焼きというべきか。

具入りといえば「スパニッシュオムレツ」も良い。気のきいたホテルで朝食のサービスにコックが卵料理を作ってくれるところもあるが、栄養バランスも考えてスパニッシュオムレツを頼む。入れる具も選択できる。

アメリカ式のホテルでは朝食に目玉焼きを頼む。卵二個入りを頼むので「フライドエッグス」である。蓋をして焼くと黄身の表面が白くなる。しないと透明となる。

透明にしたい場合は、自分の目玉を指して頼む。「サニーサイドアップ」と言う。

目玉焼きの正しい（？）食べ方は黄身をぐちゃぐちゃにして、切り取った白身部分にソース代わりにつけて食べる。品よく食べるのは難しく、口のまわりを汚す心配がある。

私は黄身の部分を切り取って、白身を食べてから黄身の部分をパックリと食べる。アメリカ人で同じようにして食べていた人を見かけて心強く思ったものだ。

この頃は、より食べやすい「スクランブルエッグ」を注文することにしている。

ひと頃、半熟茹で卵が流行った。通の人は茹でる時間を五分などと指定する。「エッグスタンド」に立ててスプーンで頭の方を割って中身をすくって食べる。家庭に凝ったエッグスタンドなど購入して悦に入っている人もいた。

究極の洋食は「フランス料理」としてよかろう。一流のホテルのレストランはだいたいがフランス料理である。和食が京料理を標榜するようなものであろう。

若い頃、一九六〇年代はホテルで洋食のフルコースを食べるなどは懐具合を含めて憧れであった。

服装を整えメニューの選び方、ナイフ、フォーク、スプーンの配列から使い方、パンはちぎって食べろ、スープは音を立てて飲むな、スープは食べるもの、ナイフ・フォークはカチャカチャ音を立てるな、フィンガーボウルの水は飲むな、ナプキンの置き方などなどやかましい。マナー本もあるし、女子高校生は卒業前に講習などを受けさせられる。

フルコースだとスープ、魚、肉、デザート、コーヒーになる。食前酒やワイン等も勧められるが自主的には決められない。

給仕はだいたいがスマートな男のウエイターで無礼ではないが慇懃で、傍でマナー等監視されているようで緊張して食べたものだ。

当時はテーブルクロスがかかっているレストランでフルコースの食事をするには威儀を正し、ある決意を持って臨まなければならないといった風のものであった。

最近ではビストロ風のフランス料理屋があり、シェフはたいがいフランスで修業した人である。気軽に楽しめるようになったが、地方に行くと作業服を着た客がわいわいやってる店もある。それはそれでよいのだが、若い頃のことを思うと、何となくフランス料理がおとしめられたような感がしないでもない。

だんだん世に慣れて、海外にも行くようになるとフルコースを食べなければならないこともなく、マナーも人に不快感を与えなければよいと思うし、慣れもでき余裕が出てきてスマートさも心がけるようになった。人様から見てスマートかどうかわからないが。

外国人とレストランで会食する場合の私の食べ方は、まず前菜を取りアラカルトから一品を取る。サラダはつけるがスープは取らない。

特に勧められなければ舌びらめや虹鱒のような骨付きの魚や、骨付きの鶏のように食べるのに技術を要するものは敬遠する。

要するに人前で、特に相手が外国人の場合は、あまり見苦しくない食べ方もビジネスマンとしての心得ではないかと思うからである。

特にこれが食べたいというものがない場合は、本日のスペシャルから選ぶし、昼食はランチメニューから選ぶ。料理をあれこれ想像する手間が省けるし、レストランが売りたいもので季節のものが出てくる。私のようなずぼら向きである。

結婚式の披露宴では洋食は少ない。中華もあるが和食がほとんどである。洋食に慣れない招待客に対する配慮からで、洋食の場合でも箸を用意するところもある。従弟の結婚式は洋食になった。本人は田舎から来る親兄弟、親戚に本格的な洋食を食べさせようとでも思ったのであろう。伯父さん伯母さん従姉弟たちはブーブーである。仕方がないから前日の夜、当時、私が住んでいた団地の狭い家で洋食の食べ方の予行練習をしたりした。

一九八〇年の頃、倉敷市の水島コンビナートにある事業所に赴任した時のことであるが、協力会社が三十以上あり、夜一社ずつ付き合っていたら月一回でも毎日になる。それではかなわないので工事関連会社の二十社とは毎月一回夜に会食をすることにした。

最初は当方持ちで、ホテルの一室を借りて、ネクタイを締めて来てもらって、フルコースの洋食にしてもらった。ワインは肉にも魚にもよいドイツワインのドライなものを出してもらった。

集まったのは中小企業の工事会社の社長や所長連中で、普段はがさつな連中である。新任所長のお招きだからとしぶしぶ来たのにきまっていた。

食べ方や料理の解説をしながら食べたのだが、慣れないことでもあるし、現場で職人達を怒鳴りながら仕事をしている連中がくねくねと身をよじって苦闘する様子を見て、ざまあみろてなものであった。海外かぶれの所長めがと陰口を叩くことは百も承知のすけであった。

次回からエスニックもできるビストロ風の洋食屋の二階を会場にして続けた。だんだん慣れてきて能書きを言う奴も出てきたし、ワインを持ち込む奴もいたし、最後は洋食宴会風になった。

本社に戻る時には盛大にパーティーを開いてくれたが、皆に非常に良い経験させてもらったとして感謝された。家族で本格洋食を食べに行くこともあるしワインも飲むようになったと餞別の言葉をもらった。彼らの心に残しておいてもらえたと思う。

もう一つの効果は、彼らにとっても会費だけで交際費の負担が相当少なくてすむメリットがあったことである。


パリにはビジネスで数回しか行っていないのは、パリでの仕事の機会が少なかった故である。美味探究の旅ではないので、著名な高級レストランに入ったことはない。パリのマキシムも銀座のマキシムも表を通っただけである。

ビジネスだからそこそこのレストランでご馳走になり、お返しにはだいたいが泊まっているホテルになる。

気がつかなかっただけで、それと知られるレストランがあったかもしれないが記憶していない。

フランスで食べたもので心に残ったものを書こう。

パリ郊外のレストランでのこと。鮪の煮たものを勧められたのだが、普通に考えれば鮪の煮つけは固くて美味しくない。ぜひと言うから食べたが、スープで煮込んだもので柔らかくて、今風に言えばジューシィーで、その後あのような美味しい鮪の煮物にはお目にかかったことはない。

あるホテルで、三大珍味の一つとされる「生フォアグラ」の厚切りをソテーしたものを食べたが、軽いが肝臓特有の匂いがしてしつこいものであった。

その郊外のレストランでのこと、食事が終わるとまな板のようなものにチーズの塊をのせてくる。十種類はある。

フランス語は不得手なので英語で聞いて、英語が不得意なウエイターが言うところのストロングな味だというものを試すことにした。口に入れるとカーッときた。唐辛子とは違う刺激である。表面が白くべたべたした感じのものであった。「カマンベール」の一種かもしれない。

その時、英文学の講義でベネットだったと思うが、二百メートル離れたところからも臭う二百馬力の臭いのチーズの話を思い出した。

その後、日本のデパートのチーズフェアなどで聞いてみるが、ない。表面にペッパーをまぶしたものはあるのであるが。

ナポレオンが戦場で、当番兵が朝食にチーズを運んでくると寝ぼけた彼が妻ジョセフィーヌの名前を呼んだという話がある。一説には「ジョセフィーヌ、もうたくさんだ」と言ったともいわれている。

チーズの臭いはセクシーな匂いとされて、日本女性には嫌う人がいる。

女性にチーズを勧めて、結構ですと言われると、私が何だかエッチな男と思われそうである。したがって積極的には勧めない。

ナポレオンの話のチーズはカマンベールだそうであるが、国産やデンマークからの輸入品はほとんど臭いは感じられない。日本女性の無臭シンドロームに合わせたのであろうか。


若い時の経験からフランス料理は気取って馴染めない感じがあるし、フランス料理はソースが決め手と言われるが、そのソースのベタベタ感が好きではない。

箱根の高名なホテルでメニューにあった米飯を所望したが、黒服の親方がパンを食べろと言う。ソースをパンで拭って食べろと言う。承知はしているが余計なお世話である。

日本のフランスパンは粘りが強く、表皮の部分を千切るのに力がいる。本来のばさばさ感がなくて食べ難い。

ソースにご飯を混ぜて食べたら親方が遠くから、仕方がない奴と眺めていたが、ざまあみろだ。

フランス料理に批判的な話で申し訳がない。天の邪鬼をお許し願いたい。

最近ではヌーベル・キュイジーヌと称して、日本料理的盛りつけとあっさり味のものが流行り出したとのこと。看板が出ている店があれば試してみたい。

「イタリア料理」はフランス料理のルーツとされる。換言すればイタリア料理の発展型がフランス料理といえよう。

イタリア料理は中華料理同様日本人の口に合うものである。イタリアでは中華料理店が少なく、進出が難しいとされる。味だけではなくイタリア人の食に対する保守性にあるとも言われる。

日本では高級店から「パスタ」専門店までイタリア料理屋が増えてきた。いわゆる「イタメシ屋」である。

ついでながら、海外の駐在員は洋食のことを「ヨコメシ」と言う。文章の横書きから来たものである。しかし、和食のことをタテメシとは言わない。

イタリアといえば、馴染み深いものは「スパゲッティー」と「ピザ」であろう。スパゲッティーはいろいろなバリエーションがあるが、レストラン（リストランテ）のメニューでは前菜（アンティパスタ）の次に載っている。すなわち第二皿スープの場所である。前菜の次にスパゲッティーである。前菜なしでスパゲッティーから始めてもよい。

スープ代わりのスパゲッティーは「トマトソース」か「ミートソース」である。

初めてイタリアでトマトソースのスパゲッティーに感激して、帰国後作ってみた。熟したトマトを刻んで塩胡椒しオリーブオイルで炒めてソースを作ったが、我ながら良くできたと思ったものだ。「トマトピューーレ」などない時代の話である。

銀座のソニービルに進出してきた『サバティーニ・ディ・フィレンツェ』ではスパゲッティーを注文しないと、きまりのものですから少しだけと勧められる。本格的な芯の残ったような茹で具合のスパゲッティーである。

次男の留学先のオハイオ州シンシナティで彼のガールフレンドと一緒に食事をした時、「エンゼルヘア」（天使の髪）というスパゲッティーにお目にかかった。素麺みたいに細いものである。日本でも探せば見つけられる。

ある新聞のコラムに、イタリアでエンゼルヘアを茹でて、素麺のように麺つゆで供したところ喜ばれたという話が載っていた。

そのシンシナティの空港でトッピングが選べるファーストフードのスパゲッティー屋があった。なるほどと思ったが、その後発展してチェーン化された話は聞かない。

シンシナティはドイツ人が開いた町である。

特に好きなものを選べといわれれば「ボンゴレ」である。中身がぎっちり詰まった大振りの「あさり貝」がふんだんに使われているものに出合うと、至福この上なしである。

スパゲッティーは押し出し麺である。細い穴から押し出して作るものである。手打ち麺や手延べ麺と異なる方法で作られる。

パスタ類には手打ち方式もあるが、押し出してシート状にするものもある。

原料は硬質小麦のセモリーナやデューラムが使われているとのことである。


日本でも「宅配ピザ」（デリバリイ・ピザ）が一般的になって久しい。数社が味と値段を競っている。

アメリカンスタイルのピザを、最初に日本に持ち込んだのは「ニコラス」ではないかと思う。アメリカンスタイルのピザはベースの生地がふんわりしたものに特徴がある。特に厚みを持たせたものをウリにしたものもある。

アメリカの田舎町でもピザ専門の店がある。経営者はもちろんイタリア系の人である。そんな店に数人で行く場合は大型の二十インチ（五十センチ）のものを頼んで切り分けて食べる。具はいろいろのせてもらえる。寄せ鍋みたいなものである。

イタリアのピザは薄くてふわふわしない固い生地である。上にのせる「モッツアレラチーズ」もこくがあるしにおいもきつい。

横浜の『ジョーズ』という大きくはないイタリア料理の古い店があるが、ここのものはイタリア式である。近所のクラブで飲む時など夜食に配達してもらったものだ。

日本のイタメシ屋では「グラタン」や「ドリア」というオーブンで焼いて出すものがある。猫舌の私には食べられない。

ヨーロッパ中イタリア料理はある。親父が陽気な店が多く、おしゃべりで興が乗るとカンツォーネも飛び出しかねない勢いである。

イタリアは仕事の関係でミラノをはじめ北部イタリアに行くことが多かった。立派なリストランテに行くと入口を入ったところにオードブルが陳列されている。食べたいものの目星をつけておいて、テーブルで注文する。決心がつかなくてまごまごする場合はワゴンで持ってきてくれるので、コレと指さして頼む。

ミラノに営業所があった関係で、いろいろおもしろい店にも連れていってもらった。店はだいたい陽気な雰囲気で、それもご馳走のうちである。

店の前に生魚を並べて選んで料理してくれる店もあった。

所長のイタリア人の秘書に典型的なイタメシ屋に連れていかれたが、「リゾット」、米のお粥と訳されているものがある。お粥というから米粒が見えると思うが、リゾットはよくすりつぶしてあって糊といった方がよい。ほうれん草や人参等を混ぜたものであろう、色とりどりのリゾットがある。食感といい、びっくりするほど美味しいものではない。

イタリアでは普通のコーヒーは「カプチーノ」しか飲めない。


スイスでは「フォンデュ」というのがある。ワインを煮立てたところにチーズを入れて溶かしたものを角切りのパンに絡めて食べるものである。

一九六三年にチューリッヒに行った時、提携先に駐在していた社員に連れていかれたのが、「オイル・フォンデュ」の店である。肉や野菜を串に刺して熱した油に入れ、揚げたものに好みのソースをつけて食べる。黒い苦みのある胆汁のようなソースもあった。

オイル・フォンデュは観光客用に考案されたものだそうである。これに対して本来のフォンデュを「チーズ・フォンデュ」ともいう。そのうち日本でもオイル・フォンデュ用の鍋が売れるようになり、私も買い込んで卓上でアルコールランプで熱して、友達を呼んで楽しんだりしたが、今もどこかに仕舞い込んであると思う。

材料の仕込みがあるし、予備調理やソース作りもあり、すき焼よりもやや煩雑である。

私は「ホットドッグ」をぱくつきながら歩く世代ではない。

「サンドイッチ」は必要に応じて食べる。サンドイッチ伯爵がチェスをやりながら簡便に食べるために考案したものだから、そのような状況では食べる。

アメリカ人と会議をする場合、昼飯の時間が惜しい時にはサンドイッチをとって食べながら続行する場合がある。

日本人同士では巻き寿司（海苔巻き）でも良いと思うが、会議室にはそぐわない。

私はアメリカのサンドイッチが好きだ。特にハムかターキイを〇・五ミリ程の薄切りにし、分厚く重ねてパンに挟んだものが好きである。日本では『サブウェイ』で食べられるがアメリカのような豪快なものはない。

羽田の旧空港ビルの三階のレストランで、午後の便に乗る前の腹ごしらえにサンドイッチのコンビネーションと「ジントニック」を必ず注文した。

「スモークド・サーモン」と白い「スモークド・ハーディ」（鱈の燻製）を重ねたものや、コンビーフを挟んだものも含んでいた。この二つが好きなものであった。

「トマト」は水気があってサンドイッチには向かないが「ベーコン」とは相性が良い。

一九七一年頃だったと思うが、アメリカのコネチカットに商用で行った際、相手方の副社長が昼飯はサンドイッチにしようと言って、ハイウェイに乗りインターで下りて郊外のレストランに連れていかれた。何でサンドイッチかと首を傾げながらついていくと、ちゃんとしたレストランで、テーブルクロスがかかっていて、昼食時には家庭婦人向けのファッションショーもやっているという店であった。

料理は全てオープンサンドイッチであった。皿にトーストパンを敷いてその上に料理を盛りつけるというあんばいである。ステーキでも魚でもよいソースはその上からかける。料理はトーストごと切って食べることになる。ソースはパンに滲み込んでいる。ユニークさもちろんであったが、料理も上々であった。その時は将来、機会があればこのようなレストランを経営したいものだと思った。

北欧の名物はオープンサンドイッチである。パンの上に「スモークド・サーモン」、「シュリンプ」（小海老）などをのせたもので、具は魚介類が多く、日本人の口に合うものが多い。

一九八八年の夏、仕事でコペンハーゲンに出張した際、東京から着いた翌日、ブランチ（遅い朝食兼昼食）にホテルのレストランでオープンサンドを注文した。ウエートレスが品物を持ってきて何やら言うのに曖昧に頷いたところ、植物の芽のようなものをナイフで切り落としてパラパラとオープンサンドにかけてくれた。四〜五ミリの葉先が三つに分かれた子葉でピリッとして爽やかな香りがする。薬味としてはなかなか気がきいていて、可愛らしい感じが印象的であった。聞いてみて「カーセ」という植物の「かいわれ」のような芽物野菜であることがわかった。

後日、このカーセを自家栽培して出荷までこぎ着けたのであるが、興味がある方は拙著のデータ集「食品開発の事例集」にノウハウとデータを公開しているのでご一読願いたい。

家ではちょっとした集まりにオープンサンド・パーティーをやる。食パン、ライ麦入りパンなどを買ってきて、具はハム、ソーセージ、スモークド・サーモン、シュリンプ（殻をむいた冷凍品）、野菜などを用意して、各自適当にオープンサンドを作り食べる方式である。

結構人気があり手間もかからない。もちろん、飲み物も添えるが、人によってはこちらが主役になる。

ついでに北欧の話を一つしよう。

スウェーデン南部のマルメという都市で、提携先の社長夫妻と会食した際、美人の夫人が「干鱈」の戻したものをスープで煮込んだ料理を食べなさいと言って、自分の皿から取り分けてくれたのが実にジューシィーで美味であった。

それはそれでよかったのであるが、その夫人が何やらブツブツ言っている意味がよくわからない。よくよく聞いてみると、中部ヨーロッパの連中は「北欧の連中は年がら年中冷たいものを食べているのに」と言う。

どうも北欧人を田舎っぺ扱いしているようであった。確かに中部ヨーロッパから見ると田舎にちがいないし、実際にそのような雰囲気がある。

日本でも「冷や飯を食う」というのは冷遇されることを意味する。

ヨーロッパの古いレストランは地下にある場合が多い。天井は一階の床を支えるアーチがむき出しになっている。厨房の煙で煤ぼけたところもある。トイレも地下にあり、コンドームの自動販売機が置いてあったりする。だいたいが大衆レストランである。

公衆のトイレがない場合はレストランのトイレを借用してよい。実行したことがある。

一階のレストランでも天井にアーチを模したところもある。

アーチはないが、銀座のドイツ料理屋『ケテルス』の地下は良い雰囲気である。

ウィーンが舞台になった名画『第三の男』の音楽のチターを弾いたアントンカラスがいたというレストランや、ドイツのコール首相の故郷でエリツィン元大統領を接待した小さなレストランなどにも行ったことがある。それなりに雰囲気のあるレストランであった。

昔といっても大昔ではないが、アメリカでは夕食に呼んで、また呼ばれて話をすることが多かったし、自宅に招かれることも多かった。いつの頃からか「ビジネスランチ」と称して昼食を食べながら話をすることが多くなり、最近ではビジネス・ブレックファーストというべきかホテルのレストランで朝食を取りながら、ちょっとした打ち合わせや本番の会議の予備打ち合わせとか根回しを行うことが多くなった。

アメリカに出張したら時差も考えて、その覚悟が必要である。

洋食の中で、私はロールキャベツが好きであるが、作るのは面倒である。最近は冷凍食品や出来合いのものがあるので利用する。味は悪くない。

# 和食

日本人としては、日常食べるのは和食が主である。

和食のめぼしい料理についてはすでに記したので少し趣を変えて書きたい。

日本の食生活は材料、料理も国際化して、和洋華取り混ぜて、また外国料理も和風化して無国籍化している。長崎の「卓袱料理《しっぽくりょうり》」の比ではない。「おふくろの味」もスーパーでしか買えない時代になりつつある。

和食は関西と関東では差があるといわれる。中部山岳地帯を走るフォッサマグナを境に分かれる。以下の例示は西東の順である。文化の流れが偏西風のように西から東、西高東低が料理にもあるとの説に迎合したものである。

鰤と鮭、鰯と秋刀魚、牛と豚、うどんと蕎麦、さつまいもとじゃがいも、湯豆腐と冷奴、丸餅と四角切り餅などである。

筆者は西はだしの文化、東は醤油の文化なる説を唱えている。

おでん種に「スジ」というのがある。関西では牛の筋肉と骨をつなぐ筋そのものであるが、関東では「紀文」の練り物であった。最近では関東でもコンビニの『セブン・イレブン』が本物のスジをおでんの種にして売り出した。喜ばしいことである。

この例のように西と東の融合が進んでいる。納豆は東のものであったが、今では沖縄でも食べられる。

文化としての料理は西から東へ向かったものと思える。戦後は「関西料理」が関東を席圏し、現在では「京料理」を標榜しているところが多い。

関東から西へ向かったのは握り寿司とうなぎくらいである。

関東は武士の文化が息づいている。江戸の料理は濃いめの醤油味で、「煮しめ」（煮染め）に代表されるような冷たくなっても味が変わらないもので、大名の料理とされる。

大名の屋敷の台所は主要な建物より離してあり、出火の際のことを考慮したものと思われる。距離の問題、毒味の問題など考えると殿様に届くのには時間がかかり冷えてしまうとの説がある。下々のものは殿様の食事の後に摂ることになるので、当然冷えたものになる。

この大名料理の名残は正月の「おせち料理」に見ることができる。料理の品々にはおのおの縁起がつけられており、正月中は傷まず味も落ちないし、主婦の手間が省けるようになっている。

最近では正月が近づくと、出来合いのものがデパートで予約販売されるし、中華おせちや、洋風おせちも売られる。

岡山に赴任中に、正月に家族を呼び寄せて、行きつけの料亭に頼んでおせち料理を作ってもらったことがあった。凝ったものであったが子供達には不人気で夫婦で食べるはめになった。

正月のことを書けば、おせちは地方によっても似たり寄ったりだが、「雑煮」は地方や各家で差があるようだ。

家では博多流の雑煮で「あご」（飛び魚）のだしで「ぶり」（鰤）を入れる。餅は焼いた切り餅で、青味を加える。

おせちは鯛は別にして、「ごまめ」は自家製で、「かずのこ」（数の子）はなるべく熟してプチプチしたものを自家で漬け込む。「かまぼこ」（蒲鉾）は吟味するが他は出来合いである。

煮物としては「筑前煮」、筑前博多では「がめ煮」といい多めに作る。酒のつまみにするのとダイエットに良いからである。材料は鶏肉、人参、牛蒡、里芋、椎茸、筍、昆布、蒟蒻、家ではこれらに高野豆腐を加え、青味として「さやえんどう」か「さやいんげん」を加える。正月中煮直しては食べる。

少年の頃には正月のおせちのなかで、食紅で色をつけて弁当箱で固めた、寒天が好きであった。

私は弁当が好きだ。「幕の内弁当」、「松花堂弁当」、「竹籠弁当」等がある。「折詰弁当」や「仕出弁当」というのもある。

幕の内弁当は歌舞伎の幕間に食べたもので、食事をしながら娯楽するという文化である。相撲場所でも枡席では飲食しながら観戦する。枡席の前の砂かぶりでは飲食は禁じられている。

松花堂弁当は京都の懐石料理屋『瓢亭』の考案によるもので、重の中を四つに仕切って一つは飯であるが他の三つの仕切りには料理が入っている。

昨今では、松花堂弁当（松花堂様式の弁当料理というべきか）は気のきいた料理屋で昼飯に出している。ただ、数が限定されているところが多い。

ちょっとした会食や、奮発した昼食によく食べる。揚げ物が別についたり、茶わん蒸しがつくこともある。汁碗もつく。

日本では野外料理の文化はない。家族や友人達との物見遊山（ピクニック）、遠足、運動会は弁当である。たとえばバーベキューのような野外料理はむしろ輸入文化である。日本在来のものは東北の芋煮会ぐらいであろう。

戦前の小学生の頃はピクニックや運動会は塗り物の重箱におかずを詰めて、漆塗の取り皿につぎ分けて食べたものだが、昨今ではタッパーウエアに紙皿というところであろうか。

今でも大名家等のもので漆塗の立派な何段もの遠出用の弁当の器が残されている。日本の弁当文化は駅弁に生かされている。むしろ、生かされてきたというべきか。新幹線を含めほとんどの列車から食堂がなくなってから久しい。弁当は駅で買わねばならない。

車中でも一定区間だけ、その区間の特色ある弁当を車内販売することもある。駅弁とビールかお茶を買い込んで車窓から景色を眺めながら食べるのは、誰でもが喜びを覚えるものだ。

特徴のある駅弁も好きだが、幕の内弁当が好きだ。ネーミングもいろいろある。必ずしも幕の内ではない。たとえば「お楽しみ弁当」等である。横に小さく幕の内弁当と書いてあるのもある。

おかずは肉、魚、野菜などの煮物、焼き物、揚げ物、漬物、佃煮、デザートの果物がチマチマと詰め込まれ一つの料理の世界がある。材料は場所により、メーカーにより、季節により異なる。

献立のデザインから、仕入れ、調理、箱詰め、品質管理、包装、運搬の過程を考えながら、日本独特の箱庭の感性やミニ化技術との関連など思い合わせて、大げさに言えば日本人の民族性を感じさせる。

おかずは一つずつ抓《つま》みあげて観察しながら食べることもあるし、単なる食欲を満足させるためにパクつくこともある。

駅弁といえば信越本線はおかしくなってしまったが、横川の「峠の釜めし」はどうなったのだろう。家には今でも器が残っている。

高級な「料亭」で会食、宴会などする機会にも恵まれたが、座敷に案内されるとたいがいが書院風の造りで、床には軸がかけられており、四季の花も生けてあり、違い棚には作家の焼き物などが飾られている。これらをまず鑑賞して能書きを言う客もあれば、関心を示さない人もいる。部屋のしつらえ、調度、料理、器、飲み物、つけ加えれば仲居さんに芸者さん、そして客の一体となったいわば小宇宙ができあがる。それに会話、お色気、音曲等が各客人の利害を含めておりなす雰囲気に浸るも良しである。たまにはそぐわない客もあるが、ミスキャストを嘆くほかはない。

料理は旬の材料を中心にオーソドックスな料理や、工夫を凝らした料理が品の良い器に盛られてくる。「つま」ものやトッピング、「笹」や「真麻蘭」の切り細工のデコレーション等も素晴らしい。最後の「水菓子」(果物)も普通なら『千疋屋』でしか手に入らないものだ。

高級料亭が高級ホテルに店を出していて比較的妥当な価格で料理を出しているが、料理だけの賞味はそれだけの味である。

料理については料理本のグラビア写真を見るとよい。接待以外に記憶にあるのは、京都の元宮様の別荘だった料亭で東山を借景にした庭を愛でつつ家内と昼食したことと、できたばかりの金沢東急ホテルに地元の『大志満』が出店していたが、特別に板長に頼んで季節の「夏牡蠣」（岩牡蠣）や「ごり」料理等を家内と食したことである。接待でなければ味わいも深いものになる。


日本は海や山の食材に恵まれ、季節によっても変わってくる。海外からのものも豊富である。良い国に生まれたと思う。また日本人特有の繊細な味と料理の工夫が加わって、独特の食文化を作っていると思う。ヨーロッパ印象派の画家が浮世絵のジャポニズムに関心を持ったように、フランス料理にも和の心を取り入れようとされていると聞く。


「ピクルス」に対応する「漬物」も材料の種類も多く、漬け方も多様である。

魚の干したものは世界的にも多いが、「塩干物」、「味醂干し」や「くさや」のように味がついていて焼いて食べるのは聞かない。

他国の料理に比べて日本料理には特有のものがある。

「酢の物」がある。酢の味つけである。「和え物」というのもある。「胡麻和え」、豆腐を使った「白和え」、「酢味噌」で和える「ぬた」等である。いわばサイドディッシュで「箸休め」ともいう。箸休めは次の料理に移る前に味の転換を図る目的がある。

箸休めには、「佃煮」、漬物、「汁粉」等も使われる。


料理人ではなく食べる人が調理するやり方がある。提供された中間材料を食べる人が焼くとか煮るとか、好みの味つけをしながら食べるものである。しゃぶしゃぶや焼き肉は別として、すきやき、鍋料理、「お好み焼き」等がそうである。

「お好み焼き」は最初の頃は、恋人同士が小さな部屋でチマチマと「メリケン粉」（小麦粉）を水で溶いたのを熱した鉄板の上で文字等を書きながら焼いて食べたものが、最近では具をてんこ盛りにして、焼きそば等を入れて押えつけて焼く豪快なものに変わってきた。同時に床しさも失われた。「もんじゃ焼き」、「広島焼き」もお好み焼きである。

料理人が調理のパフォーマンスを見せながら料理を供するものがある。鉄板の上でステーキを焼いて切り分けて供する「鉄板焼」とにぎり鮨がその代表的なものだ。

この鉄板焼で『紅花』はアメリカで成功した。

最近ではフレンチでも調理場が見えるようにしたレストランが増えているそうである。

店の外からでも見えるものには「そば」(蕎麦)打ちや「うどん」打ちがあるし、うなぎ屋もある。焼きとりもそうだ。

「たこ焼き」、「回転焼き饅頭」、「鯛焼き」等は子供は飽きずに眺めているものだ。

他の国で見られないものの一つに、「釜飯」がある。小さなアルミ製の「はがま」(羽釜)(胴の回りに鍔を付けた釜で電気炊飯器以前はこれでご飯を炊いた)に米と具を入れて仕込んだものを炊いたもので、一個一人分のミニはがまである。具はいろいろあって選べる。恋人同士で違った具のものを分けあって食べたものだ。今でも専門の店がある。

付け加えれば、食べるものではないが、「割箸」がある。使い捨ての箸である。木製で切れめ(割れめ)が入れてあり、二つに割って箸として使うもので、高級なものは杉材を使ったものから竹製のものもある。

一時、森林伐採による環境破壊の元凶として環境保護団体から指弾されたが、間伐材の活用であるとの業界の反論があり、議論は終息した。

料亭や「割烹旅館」は別として手軽に料理が楽しめる「小料理屋」がある。

カウンターがあって、客の座るカウンターの向こうで調理をする。たいがいは畳敷きの「こあがり（小上がり）」があって、テーブル二個ほど置ける広さである。店によっては椅子席になっている。カウンター割烹ということもある。

さらに奥に座敷があって宴会ができるような店もある。二階が座敷になっている店もある。カウンターの上段には幾つかの大鉢にあらかじめ作っておいた惣菜を盛って置いてある店も多い。「鰯の辛煮」、「小鯵の南蛮漬け」、「こんにゃく」、筑前煮、「鯖の味噌煮」、「川海老の唐揚げ」、「筍若布」、「ひじき」、「小芋」等である。「肉じゃが」等は温め直して出す。

そのような店でも飲み物（アルコール飲料）を頼むと、「つきだし」も一緒に出てくるが別料金である。つきだしでは店の評価はできない。

経営者は料理人が多い。料理が好きなおばさんの場合もある。

ちょっと美人のおかみ（女将）が職人を雇ってやってる店もある。職人は板前組合に紹介してもらうのだが折り合いが悪くて、よく板前が変わったり、やけに板前に気を使っている店がある。

そんなことに嫌気がさして、見よう見まねで自分だけでやってる店もあるが、ライセンスが必要である。

ひと頃大衆的な「炉端焼き」屋と称して、砕いた氷の上に魚を並べて、客の注文で料理して大きな長柄の「しゃもじ」にのせて、カウンターの客に供する、椅子席もこあがりもある店が流行った。

仙台の国分町で囲炉裏が切ってあるその炉端焼きにお目にかかったことがある。後に聞いたところでは『天賞』という名の店だそうで、古びた雰囲気のある店であった。

炉端焼き屋は衰退して、代わって「居酒屋」風と称する店が増えてきた。カラー写真入りのメニューでチョイスが簡単で注文しやすく、価格も安い。メニューの数が多いようだが、実はそうでもない。人件費をしぼっているから最初にまとめて注文した方が良い。居酒屋というくらいだから地酒も数多くあるし焼酎もある。いつも若い人で賑わっている。

若い人といえば、食べ放題が流行っているそうだ。ケーキを含めいろいろな種類の食べ放題があるようだ。

私は一人か、せいぜい二～三人ぐらいの気のおけない連中とは行きつけの小料理屋に行く。ちょっと気取った時には和風レストランである。足場の良いデパートに入っている高級店も都合次第で使う。相手次第だが、年配者は和食を好む。

私は小料理屋では膝が悪いこともありカウンターに座る。おやじ（おかみ）や隣席の客との会話が楽しめる雰囲気の店が良い。

一人で地方に出かける時で、行きつけの店がない場合はホテルの従業員に聞く。地方の中小都市のホテルでは、ビジネスホテルを含めてだがプロのコンシェルジェがいないのでフロントに聞く。

たいがいは評判の店か、本人が行く店を教えてくれる。聞くのは年配の男性従業員が良い。訪ねてみて気が進まなければ自分で探す。のれんの隙間からのぞいて、親父の品定めをして、使い込んだ店で清潔なのが良い。先客は二、三人というところか。

初めての店は入り際に「こんちは」とか「こんばんは」と言ってマスターの顔を見て微笑みながらちょっと会釈する。

席は大将の前でなく、真面目そうな脇板の前に座る。脇板は息子だったりする。

次いで店の中を観察する。店の従業員、客のグレード、店のしつらえなどである。

メニューはホワイトボードの本日のおすすめ品を見て考える。「しながき」（品書き）を経木に墨で書いてある気のきいた店もある。字を書くのも板前の修業のうちである。

字が下手で偉そうにしている板長は駄目で、チャラチャラした感じのものも駄目だ。良い字で硬い感じの親方が良い。ハードカバーの印刷のメニューは見ない。

まずビールを頼む。後は酒（日本酒）にするからと言う。「日本酒」に合うものをという予告とそれなりの料理を食べるというシグナルで、先方に安心と心積もりをさせる。

鹿児島では酒というと「焼酎」のお湯割りが燗瓶で出てくるので、日本酒と明確に言う必要がある。しかし標準的な酒が一本しか置いてない店が多い。

つまみか突き出しでビールを飲みながら考え込む。親父が声をかけてくるから、品書きについて二、三質問をして、旬の地のものの「造り」（刺身）をたくさんでなくてよいと言いつつ頼む。数種の盛り合わせでもよい。

その日の仕入れ等によって、お薦めがある。なるべくそれを頼む。売れ残りを心配して押し売りもある。休みの前日等である。それに乗るのもよい。良い関係が作れる場合もある。時折、東京から来たのだが地元の美味しいものをなどという客があるが、東京風を吹かせても尊敬されることはない。態度によっては反感を持たれることもある。

鮪が揚がらない地方では品書きに鮪があっても注文しない。その鮪は地元の人のためのものである。

一皿目の造りは酒を飲みながらゆっくり食べ、半分過ぎた頃に短い感想を言う。お世辞は駄目である。向こうは料理に対する反応を見ているから、板前との間に適当な緊張感が生じれば手抜きなしのそこそこのものを出してくれる。

座敷がある店は地元の宴会に親方が顔を出すことがあるが、この時に助手の板前と話をする機会ができる。店が繁盛しているかどうかや親方の性格などを聞く。親方の前では口をきけないけれどもいろいろ地元のことなども聞かせてくれる。

そうなると宴会の料理に出さない「平目の縁側」や、引き締まった魚の尻尾あたりの肉等を内緒で少し切ってくれることもある。自家製の「からすみ」を切ってもらったこともある。金は取らないので、後でチップを出す場合もある。板前の信頼をかち取るのも楽しい食事のためで、良い思い出にもなる。

私は相客と仲良くなることが多い。親方との会話に半畳を入れてくる客とはすぐ話ができる。客と親方の話で興味があると「すみませんが」と言って質問する。客の得意分野であれば話が弾むが、独演会になる危険がある。

料理はさらに煮物ともう一品ぐらいにする。焼き物のように時間がかかる料理の場合はすぐ出るものを箸休め程度に食する。酒は二～三本くらいに止める。だらだら飲まない。

飲み足りなければ別のバーで飲む。


海外でも日本料理が食べられる。

一九六三年、一ドル三百六十円の時代にニューヨークで商社の人に本格的な日本料理屋の『斉藤』に案内されて感じ入ったことがある。だいぶ後になって斉藤は石油会社のオーナーに買い取られたと聞いた。同じ年にシカゴで戦争花嫁（戦後、進駐軍の兵士と結婚してアメリカに渡った女性）がやっている和食の店を、得体の知れない連中がうろうろしている町を通って行ったことがある。確かメキシコ湾で獲れた「鮑」を食べた。

若い頃には現地のものを食べていたが、そのうち中華料理になり、日本が経済的に実力を蓄えるにつけて海外でも日本料理屋が増えてきたので、我慢せずに和食を取るようになった。年の故もあるが。

初期の日本料理屋は現地の材料で何とか日本料理に近づける努力をしたものだが、また内装等も現地の大工の細工でそれらしき物に作ったものだった。

現今ではアメリカ、ヨーロッパ、東南アジアの主要都市には日本料理屋があるし、日系のホテルには必ずある。ニューヨーク、ロンドンには日本にひけを取らないものがある。だいたいは高価であるが、ラーメン屋もある。

カイロの下町に日本食堂があるというので行ってみたことがある。日本にいたことがあるというエジプト人の経営で、コックもエジプト人で日本から持ってきたと思われるだいぶ汚れたハッピを着ていた。店も汚いもので、料理を含めて何か日本料理がおとしめられた感じがしたものだ。

海外の工事現場のキャンプにはケータリングサービス会社が日本人コックを雇って送り込んでくる。板前は仕入と献立には苦労するとのことである。

海外に出かけると現地の商社の駐在員に食事に誘われる。必ず日本食でよいかと聞かれ、オーケーする。駐在員自身の方が日本食が望みなのであるから快く応ぜねばならない。

和食は我々の生活に密着しているものだから書くことはいっぱいある。キリがないのでこの程度にする。和食の材料とその料理については別の機会に書きたい。

# 食べ方

## 食べ方（その一）

日本料理では箸を横向きに置き中国では縦に置く。中国で招待を受けた際に何故かとの議論をしたが、中国では料理が遠い場所にあるので取りやすくするためではないかとの説が有力であった。

また中国の箸は長い。古い時代の中国服は袖が長く袖口が広いことにも関係があるのかなとも思う。

中国の会食ではホストが主客に料理を皿に取り分けて勧めるのが慣わしであるが、最近では前菜止まりで後はご自由に、となる。

乾杯は少し食べ物が進んでからである。我々は乾杯がすまないと食事に手がつけられないと思うが、「マオタイ酒」のような強い酒は食べてからの方が良い。

日本で外国人を食事に招待する場合に、箸の使い方を説明し、強要する奴がいるが、そんなことをすれば緊張して料理を賞味するどころではない。海外では相手側からそんなことをされたことはない。

私は料理を勧めると同時に、まず箸の取り方を示す。日本食が初めての外国人は最初どうやって食べてよいか戸惑う場合が多い。右利きの場合は、右手で箸をつまみ上げ左手を下に添えてから右手で箸を取る。途中で手のひらを合わせ感謝の気持ちを込めて拝むしぐさをする人もあるが、自然で作法にかなっており、これで外国人もスタートができるし、箸の使い方にもスムーズに入っていける。

箸を置く場合は逆にする。これを行えば優雅に見えるし、酒の間に箸を置く場合もきまりになる。料亭などでは給仕の仲居さんからも尊敬される。

若い女性が入社してくると中には幼児式に箸を握って食べる子がいる。嫌味だがご両親は外国の方ですかと問いかけることにしている。いずれは子供の母親になる人達だからである。

箸で嫌なのは割箸を割って角をこすり合わせて木粉を出す奴。どれを食べようかなとつっつく迷い箸、箸の先端を甜めるねぶり箸が嫌な使い方の三横綱であろうか。

ナイフとフォークの使い方はイギリス式かフランス式か知らないが、マナー本があったり講習会があったりする。ナイフとフォークを一緒に使う方法である。

アメリカ人は違う。フォークとナイフで食べ頃の大きさに切って、フォークを持ち替えすくって食べる。中には右手に持ち替えてすくう人もいる。最初から料理をコマ切れにするのは品がないが日本人には好ましい使い方である。

フォークはもともと突き刺すものであったが、現在では切る時の押さえとすくって食べる道具になったとのことである。液体はスプーンですくう。

誰が始めたのか知らないが、たぶんマナーの先生が宣《のたま》ったのであろう、皿に盛られた米飯をフォークで食べるのにフォークの背中（普通に置いた場合の裏側、カーブしている外側）を外側にして横置きし、ナイフでご飯をかき寄せ背にのせご飯を上にして口に運ぶ。ご飯をよく圧縮しないとばらけて落ちるし圧縮し過ぎるとご飯が美味しくない。最近では見かけなくなったが、フォークですくって食べればよい。

西洋料理にはパンをつけるのが普通になったせいであろう、メニューにご飯があってもパンを勧められる。米の消費の低下に貢献しているのではないだろうか。

いわゆるイタメシ屋ではスパゲッティーを食べるのにスプーンを別に要求しないと出さない店がある。スプーンの助けを借りて食べるのは邪道であるというのである。

そんなことはない。私は業務で海外に出かけるので場末のちゃちな店で食事をすることはほとんどない。立派な店でイタリア人がスプーンを使ってうまく食べるのを見て感心したものだ。

少なくともイタリアの北の方ではそうだ。日本人向きである。

日本人は麺類を食べるのに音を立ててすすり込むのが常態である。麺にスープを絡ませながら食べる良い方法とのことである。

外国人、特に西欧系の人達は大変である。食事で音を立ててはいけないから、最初はフォークで悪戦苦闘する。

そのうち箸ですすり込むのを習得する者も出てきて日本土産のマナーだとして、喜んで帰国する奴もいた。

二〇〇一年五月十七日付と五月二十七日付の朝日新聞「天声人語」欄に興味ある記述がある。昼食にそば屋に行って驚いたことには、シーンとしている。あたりを見回すと客のほとんどが若い女性客であったそうだ。ちゃんとそばを食べているのだが、音を立てないですするもぐもぐ食べていたそうである。

そばは音を立てて勢いよくすすり込むものと思われている。

女性側の反論は「衣服が汚れないように食べているだけ」が多数であったそうであるが、にわかには信じられない。たぶん食事の時には音を立てないという西欧式のマナーが浸透しているのであろう。

生活様式の変化に合わせて文化も変わるということであろうか。

また、食事の時にピチャピチャ音を立てたり、舌鼓を打ったりするのはいかにも品がない。


最後に傑作な話をご披露しよう。イギリスでの話である。

スープが残り少なくなると皿を傾けて残りをスプーンですくうのだが、イギリス人は皿の手前を持ち上げ向こう側に傾けてすくう。フランス人は逆に手前に傾ける。

何故かという議論になった。

友人いわく、イギリス人は海洋民族である。船に乗って海外に出かける機会が多かったので、船が揺れた場合にスープが手前にこぼれないように向こう側に傾けるのだという。向こう側の人にかかっても仕方がない（自分にかかるよりましだ、とは言わなかったが）、相手側がフランス人ならなお結構と言い放った。

イギリス人にしては上出来のジョークである。

## 食べ方（その二）

海外でも国内でもビジネス関係で洋食のディナーに招待されたり招待したり、また仲間内で食事をレストランで取ることがある。

メニューが決まっているような場合は別だが、ウエイターが持ってくるメニューから料理を選ぶ。

私はだいたいはまず前菜から一品を選び、主菜を一品選ぶ。サラダなどをつけ加えることもあるが、メニューの前菜の次に書いてあるスープは取らない。

スープは食べ方が難しい。特に日本人にとってはそうである。スープは緊張して慎重に食べねばならない。

西洋人もほとんどが取らない。こっそり友人に聞いたところ、あまり人前では食べないそうである。想像するに彼らも人前で背筋をピンと伸ばして品よく食べるのは気が張るのであろう。

慣れない日本人は、ウエイターに勧められると、洋食にスープは付き物だからと思い、つい「イエス」と言ってしまう。

前菜が終わってスープが出ると、スープを注文した日本人だけが食べる。ほかの連中はスープが終わるまで次の皿が出てこないから、スープを食べている人を観察することになる。途中で止めてもよいのだが、緊張しつつ最後まで待たせていることを感じながら食べねばならない羽目になる。

オーブンで熱した、あつあつの「オニオンスープ」を注文したら惨憺たる思いをする。

スープは飲むものではなく、食べるものだそうである。

ランチメニューなどでは「本日のスープ」（Today's Soup, Soup de Jour）の場合は、取っ手が二つ付いた小さなカップでくるからまだ始末がよい。


和食でも初めに汁物の椀が出てくることがある。「吸い物」である。給仕の仲居さんに冷めないうちにと勧められる。

ご飯には「赤だし」が付くから心配しないでお椀は料理として賞味する。


「バイキング」料理というのがある。いろいろな料理を大皿に盛って並べてあり、めいめいで大皿の場所に行って、自分の皿に取り分けてきて自分のテーブルで食べる方式である。本場のスウェーデンでは「スモーガスボード」といい、英語では「ビュッフェ・スタイル」である。

バイキングはスウェーデンの海賊の名称である。帝国ホテルが始めたとのことであるが、山盛りの山海の珍味を野蛮に食べるというイメージである。

バイキング料理に行くと、一つの皿にいろいろな料理をテンコ盛りにして得々として席に持ち帰るのがいる。

最近はホテルの朝食はほとんどがバイキング方式になっているが、和食、洋食を一緒にテンコ盛りにして、あげくには残す奴がいる。田舎から来た団体客といった風である。

バイキングの食べ方は冷たい物から温かい物へ、魚から肉へと、オードブルは別として、皿には一種類の料理にする。次の料理を取るために席を立てばウエイターが皿を下げてくれる。下げるのが間に合わなければ脇に置いておく。

最後にデザートとコーヒーにする。アルコール飲料は別に頼めばよい。

スウェーデン人はよく食べる。身体も大きいし、十皿くらいは平気である。我々の回転寿司の皿の枚数である。

ホテル等でよく立食式のパーティーがある。ビュッフェ・スタイルで椅子とテーブルが用意されている場合も多い。

前面にステージが設けられて挨拶ができるようになっている。場合によってはカラオケのステージとなる。

洋食の場合は、ビュッフェの料理はステージ側から入口に向かってオードブル、魚、肉料理と並んでいる。肉料理のところ（料理の列のほぼ中央になる）でローストビーフが出て切り分けてくれる場合もある。おなかにたまるチキンライス、ピラフ、スパゲッティー料理等があって、果物、ケーキ、コーヒーが続けて並ぶのが通常である。

ステージの近くは偉くて年寄りの人が占める。挨拶が終わってビュッフェに向かうのは入口に近い末席の方の人達からである。したがって料理の順序とは関係なく、料理が減っていくことになる。

代議士先生方も選挙が近くなると資金集めのためパーティーを開きなさる。パーティー券はたくさん発行されるので会場は込み合う。パーティー券を多く買わされた企業は若い人を出席させるところも多い。料理は少ししか用意されないので挨拶が終わるとビュッフェに殺到する。料理がなくなると潮が引いたように人が去る。先生の挨拶で強調された政治にかける情熱は会場から霧散してしまう。


中華料理も同様の順序であるが、すなわち中華料理店のメニューの順序と考えればよい。ただし温かいものは、取り替えられてすぐの料理が良い。


炉端焼きというのがある。仙台の国分町におばさんが本物の炉端で焼いたものを使い込んだ大型のしゃもじに料理をのせて客に差し出す古びた小さな店があった。

昨今の炉端焼き屋というのは魚や野菜等の材料をカウンターの前に並べて、客の注文により焼いたり、調理してしゃもじのようなもので客に差し出すスタイルである。

最近では居酒屋風に発展してきたようだ。時代劇に出てくる居酒屋を大型にした感じである。

ここでも焼き物、煮物、その他と進んで最後に刺身が食べたいといって刺身を注文する奴がいる。

酒の出る会席料理では付き出し、向こう付け、刺身、煮物、焼き物、揚げ物といった順になる。居酒屋で奥ゆかしさもないものだと思うが変な気がする。

「松花堂弁当」でも箸をつける順序は、刺身から始め、和食の順序で食べるのが良い。

アメリカでステーキが美味しいという店にわざわざ招待された際に、同行の若い社員がメニューにあるからといってロブスターを注文したので、ホストの気持ちを慮《おもんばか》ってステーキにしたらと言ったのだが聞かない。

仕方がないので後でこっぴどく叱り、招待者には謝っておいた。

その時、その社員に、マナーによっては「お里が知れる」という言葉を使った記憶がある。

## 会食

多人数で会食する場合がある。

三〜四人くらいでテーブルを囲んで会食する場合や立食パーティーのような場合を除いて七〜八人以上の主としてビジネスに関連した会食について書くことにする。

ゲスト（客、招待された人）側とホスト（招待者）側に分かれている場合の会食である。あまりフォーマリティが高くないパーティーで、せいぜいダークスーツですむ場合のことを考えてみよう。

招待するケースでは、会食に招待するむねを相手側に伝える。相手側がホテルに宿泊している場合は代表者に伝えて迎えに行く。ホテルに近ければ地図を渡して来てもらう。土地の人達であったら簡単な（大げさでない）インビテーションカード（招待状）を渡しておく。

平服だとかノータイだとか書いておく。

レストランのロビーに集合する。ロビーでは食前の酒類を供するところもある。

レストランに接してバーがあるところも多い。ここでテーブルの準備ができるまで、また、全員が集合するまで食欲増進のためちょっと飲む。

テーブルに案内されれば、まず、洋食、中華、和食のいずれの場合も客の席を決めなければならない。

洋食の場合は、ゲスト側は壁側、ホスト側は入口側とする。窓外の景色を鑑賞する場合はゲストはよく見える側に、ショーがある場合もよく見える側に、またウエイターが出入りする箇所やサービスカウンターが見えない側等、状況により決めればよい。説明を加えればなお良い。

一般的には主賓はテーブルの中央に、招待者は反対側の主賓に相対する場所にする。席を指定するのは招待者側代表が決める。必ずしも招待者でなくてもよい。

客側と招待側がテーブルを挟んで着席する場合もあるが、必ずしもそのようにする必要はない。

主賓を中心にしてポジションに応じて席を指定するが、外国語堪能者を適当に配置したり、仕事の関係を考慮したり、若い人を訓練することを考えたり、夫人同伴の場合でも女性を適当にちりばめる配慮をして席を決めていく。

もし隣席になりたい人がある場合は適当にアピールする。若い人は席が決まるまでは控えめに後ろにいる。

指定されたら席の後ろに立つ。招待者に促されて着席する。

料理が決まってなければメニューに従って選ぶ。料理の選び方については別に書いた。

料理の注文が終わったらその前にバーで飲んでなければ（飲みかけを運んでくれる場合もあ

る)、「食前酒(アペリティフ)」を注文する。カクテル類や「カンパリソーダ」、「ジントニック」、「ベルモット」、「ドライシェリー」等が代表的なものである。

私は気取ってベルモットのスイートとドライを半々にオンザロックにしてもらう。

日本人はビール(小瓶)を頼む人が多いが、今日では失礼にはならないと思う。ビールや炭酸で割ったものは利尿効果があるから、考えて飲む。アメリカではジントニック等は大きなグラスで出てくることがある。

会食の場合「ワイン」は、各個人で注文した料理が異なる場合は白と赤を両方頼んでおくとよい。魚、肉に関係のない「ドイツワイン」でもよい。

ワインを選んだホストはラベルで銘柄、年代を確認してからテイスティングを行わねばならない。拒絶できるのはワインを作ったワイナリィのオーナーか、ワインが変質している場合のみである。ゆめゆめテイスティングの時にノウと言ってみたい誘惑と衝動に駆られることのないように。

ワインではないが、ニューヨークのラテンクォーターのギリシャ料理屋でのこと。夫婦づれの客の夫人の方がえび料理をギリシャで食べたものと違うと言い出した。マネージャー、コック長等が来て出した料理を目の前で実際に食べて、そんなことはないと強弁している。夫の方も宥めているのだが夫人も引かない。結末は忘れたがアメリカ的だと思った。

私もアメリカのサンディエゴで友人に招待された時のこと。メニューにあったサシミ・サラダ（SASHIMI Salad）をサシミは日本の刺身かと念を押して注文したのだが、ボイルした魚肉と野菜のサラダで醬油味のドレッシングがかけてあった。

ウエイターに刺身は生の魚ではないかと聞いてると、友人達が心配してくれて、違うものであったら言ってあげると騒ぎ出した。私はサンディエゴの珍しいサシミ・サラダをぜひ試したいと申し出て、その場は収めたことがある。

サンディエゴは日本人が増えた町である。

少人数の場合でもそうだが、洋食和食を問わずだが、だいたいが高級な店では、ホストには値段入りのメニューを、ゲストには値段が書いてないメニューが渡される。

時々、間違う場合がある、特に日本ではよく間違えられる。ウエイターは心して対応すべきである。ホストになる場合はウエイターが誤解しないようにホストらしく振る舞うことも重要である。

勘定書きをもらったら、点検をする。海外では結構間違いがある。多人数の場合は一人頭幾らで考えるとよい。

サービス料が入ってなければチップの分を書き加えて、カードで支払う。

海外の場合で夫婦同伴の場合は、夫人に着物を着せると良い。アメリカは日本文化が浸透しているがヨーロッパでは珍しがられる。それだけで会話が弾む。

中華料理の場合は宴会、会食は丸テーブルである。標準は八人でテーブルを囲む。状況によるが十人まではよい。

中国の場合は主賓の横に招待者が座る。招待者は主賓のために料理を取り分けて勧める責任があるからである。席はあらかじめ決まっていて、当日のメニューが用意されている。

中国の人は席の決め方、通訳の配置など実に細やかに配慮する。

乾杯用の「茅台酒（マオタイ酒）」がすでに注いで用意されている場合もあるが、乾杯は前菜が終わった頃である。最近では葡萄酒なども用意されていることも多い。

中国式の乾杯には恐れをなす人も多いと思うが、そのことは別の機会に書くことにする。

日本では中国式にこだわらなくてよい。洋食の場合と同じと考えればよい。

丸テーブルが多数の場合は入口から見て奥、または中央のテーブルに主賓ということになる。

和食の場合はテーブル席では洋食の場合と同じである。

高級料亭は畳敷きの座敷で書院風の造りになっている。

床の間側、床の間の前が客（ゲスト）の席である。主賓はテーブルの中央、床柱を背負う形になる。招待者はその反対側で主賓に対面する形になる。

同席者は地位、年齢に応じて順次、主賓の並びの上座側、末席側に配置する。入口に遠い方が上座側である。

最初に「おうす（抹茶）」が出る場合もあるから、見苦しくない程度の心得を奥さんにでも聞いておくとよい。

食前酒に自家製の「梅酒」が出る場合もあるが、まずはビールで乾杯ということになる。

中華料理のように、飾った言葉で書かれたメニューがつく場合がある。出てくる順番が必ずしも一致しない料理もある。

歌舞音曲、入口の控えの間で音曲と芸者の踊りがエンターテイメントとして披露される場合があるが、上座ほど見えにくいから、下座の人は見やすい場所に席を移動してもよい。

芸者を呼ぶ場合は検番によっては贔屓筋があるから、あらかじめ招待者を告げて料亭に確認しておく必要もある。


旅館の宴会のように膳の上にあらかじめ料理を盛ってある場合は別として、料理は順番に出てくる。洋食の場合は出席者全員の進行具合で、すなわち全員が皿の料理を食べ終わったところで次の皿が出てくる。全員の進行状況を見ながら歩調を合わせるべきである。

食べ切れない時には、ナイフとフォークを揃えて終了のシグナルを送る。和食でも同様である。進行が遅い場合は仲居が脇に置く場合もある。

中華料理では回転テーブルの料理を取り分ける。主賓から始まって次に送り、滞る場合は前の人が促す。中華料理は温かいうちに食べるので、次の人のことを配慮して滞らないように回すべきである。

酒と会話に熱中して料理が進まないことはよく起こるので、招待者は気配りをする必要がある。

食事を始める前に、招待者が歓迎の、主賓が感謝の挨拶をする。なるべくユーモアを交えたものにする。アメリカ人の場合は特にそうだ。

民族も言葉も異なるので、相手にもわかるユーモアやジョークでなければならない。

当方だけ笑って相手方はしらけることのないように。

# あとがき

食べたものについて書いてきたが、この辺りでひと区切りにしたい。口にしたもの以外は書いたつもりはない。

私は美食家でもないし、食べ歩きを趣味とするものではない。食の専門家でもないし、文筆家でもない。悪筆でもあるに拘わらず読んでもらえたのかと心配である。

私は、時折、食べることが面倒くさくなることがある。食べるという作業がおっくうになるのである。

食べるということは、食事とは何なのかと考えることがある。DNAの命ずるままに食べるのか、食事は文化であるのか、もっと深遠なる哲学的命題が隠されているのか、考えても仕方がない。

私には偏執的な食欲があることを書いた。

私が学校に上がる前にバケツ一杯のトマトを食べて疫痢になったこと。バケツ一杯といってもバケツの水面にいっぱいに浮いているような量であるが、五歳ぐらいの子供にしては大量である。

お茶（煎茶）の葉をもぐもぐと、押し入れに隠れて食べたこと。さらに、小学生の頃小粒の南京豆（ピーナッツ、落花生）を両ポケットいっぱい食べたのだが、ポケットに入れたヒマの種まで食べて下痢をしたこともある。ヒマの種は下剤のヒマシ油の原料である。当時、戦時中で潤滑油の原料にするためヒマが栽培されていた。

夕食の天ぷらの残りを夜中にこっそり大皿一杯食べてしまったこともあった。

成人してからはそのような記憶がないので、その奇妙な性癖は直ったのであろう。

この奇妙な食欲は私だけかと秘密にしていたのであるが、日経新聞の「私の履歴書」の平成十二年十一月十七日と十八日の欄に作家の三浦哲郎氏が書いたものの中で「私は、自分の消化器官に欠陥があるとは思わないが、たまに、発作的な過食のために思わぬ故障を起こす癖があることを知っている」として、少年時代に、煎った大豆をつい食べ過ぎて胃けいれんを起こしたことやスグリの実を食べ過ぎて赤痢になって大騒ぎした話が出てくる。

三浦氏とほぼ同年であるから親近感とともに、何とも言えぬ安堵感を覚えたものである。

ストレスのために過食することがあるそうである。

特に女性がダイエットのストレスのため過食してリバウンドが起こり、体重が減量前よりさらに増える話を聞く。

私の場合はストレス解消はアルコールであるが、やはり体重を増やす。

幼少の頃の奇妙な食癖はストレスのためではないように思うが、わからない。

私は大学を出たての頃は身長百七十センチ体重六十三キロで理想的であった。

会社に入ってから残業で夜食が増えたり、アルコールをたしなむようになり、体重は七十二キロまで増え、二十年くらいは続いた。

医者が減量しろと言うので努力したが、遂には八十一キロにまで達した。減量、リバウンドの繰り返しの結果である。
医者の指示がなければ七十二キロに止まっていたものをと思う。
この肥満は、まさに医源病というべきではないかと思う。

実は食べたものはもっとたくさんあり、書き足りないのである。「食べたものPART2」を書かねばと思う。魚介の追加、主食、ラーメン・餃子、うどん・そば、野菜、果物、菓子等である。コラムのネタもあたためてある。

ペルシャの食べ物、瀬戸内の食べ物についても書きたい。
アルコール飲料も書かねばなるまい。作った食べ物もある。
目次を作れと言われれば数日で作れると思う。この本の続編をぜひ書きたい。
全体について食べたもののインデックスもつけたらと思う。

この本の内容については勝手な思いこみや誤解があるかもしれない。読者の指摘を期待したい。また、浅学については蒙を啓《ひら》いていただきたい。

食べ出したら止まらないというのがあるが、アルコールと違って、食べたくてたまらないという食べ物は少ない。

貧乏学生の頃、その頃は皆貧乏であった。「ほうれん草」のおひたしが食べたくてたまらなくなって、女友達の家で作ってもらった。その女友達は後に私の妻になった。

この本の出版については妻に対する感謝を込めたものである。

二〇〇一年九月　　瀬戸　淳

追記

本文中に、拙著のデータ集「食品開発の事例集」を紹介しているが、関心のある向きは左記に連絡いただければ資料を送らせていただきます。

〒251—0016　藤沢市弥勒寺513—43
(有)みろく　FAX（0466）55—1518

**著者プロフィール**

**瀬戸　淳**（せと　あつし）

1933年生まれ。
九州大学工学部卒。
エンジニアリング会社で国内、海外の主として
石油・化学プラント、エネルギー・環境関連、
宇宙開発のプロジェクト業務に従事。
現在、㈲みろく　代表取締役。
コンサルタント・食品開発等に従事。

# 食べたもの

2001年11月15日　初版第１刷発行

著　者　瀬戸　淳
発行者　瓜谷　綱延
発行所　株式会社　文芸社
〒112-0004　東京都文京区後楽2-23-12
電話　03-3814-1177（代表）
03-3814-2455（営業）
振替　00190-8-728265
印刷所　株式会社　平河工業社



ISBN4-8355-2698-8 C0095